化物《バケモノ》語《ガタリ》

1

原作／西尾維新
漫画／大暮維人
キャラクター原案／VOFAN

MAGAZINE KCDX

第一話　ひたぎクラブ

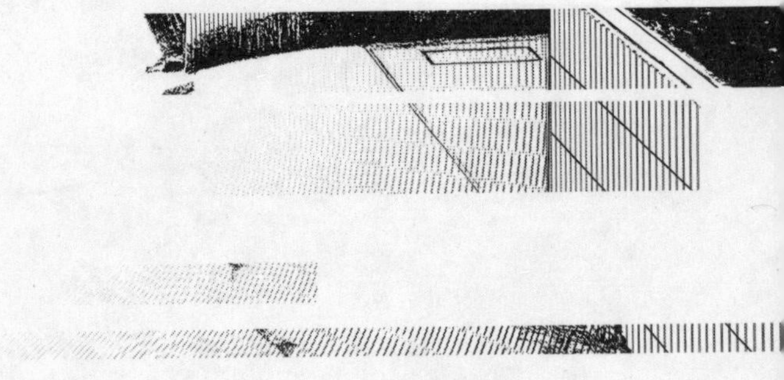

BOOK DESIGN
VEIA

化物《ばけもの》はやってこない。

はじめから
そこにいる。
いつも。

どこにでも。

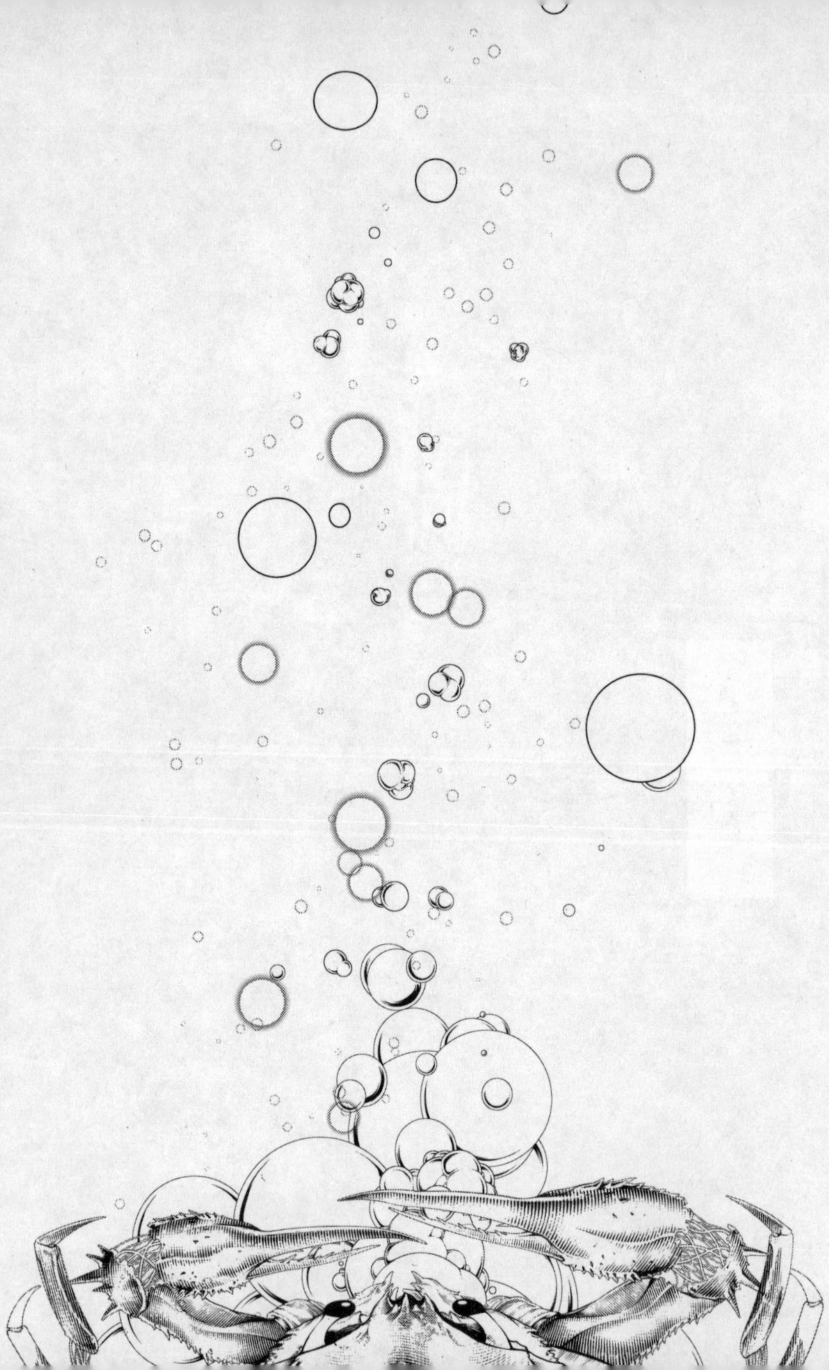

おしりが痛《いた》いわ
じんじんする
スカートにも皺《しわ》が寄《よ》っちゃったし
僕《ぼく》の責任《せきにん》じゃない。
言《い》い逃《のが》れはやめなさい。
ちょんぎり落《お》とすわよ
どの部位《ぶい》をですか!?
自転車《じてんしゃ》の二人乗《ふたりの》りなんて初《はじ》めてなんだから
あなたのカバンを座《ざ》ブトン代《が》わりによこすとか優《やさ》しさを見《み》せなさいよ
消火器
自分以外《じぶんいがい》はどうでもいいのかお前《まえ》はっ

だいたいさ
優《やさ》しさも
敵対行為《てきたいこうい》と
みなすとか
言《い》ってなかったか
マリー・アントワネット
だって
お前《まえ》よりは謙虚《けんきょ》で
慎《つつし》み深《ぶか》いだろうよ。
彼女《かのじょ》は
私《わたし》の弟子《でし》なの。
時系列《じけいれつ》は!?

ていうか そんなに気安《きやす》く 私《わたし》の言葉《ことば》に つっこみを入《い》れないで。
まるで クラスメイト みたいじゃない。
クラスメイト だろっ
それすら 否定《ひてい》されるのかよっ
…随分《ずいぶん》 変《へん》な所《とこ》に 住《す》んでいるのね
…〝その人《ひと》〟
まぁね
変《へん》な人《ひと》なのは 確《たし》かだけど…
お前《まえ》 ほどじゃ ない。

アララギくん。
阿良々木暦くん。
なんだよ
戦場《せんじょう》ヶ《が》原《はら》
呼《よ》び捨《す》てはやめて。
戦場《せんじょう》ヶ《が》原《はら》様《さま》
もしくは
戦場《せんじょう》ヶ《が》原《はら》ひたぎ殿《どの》と
呼《よ》んで。
それはともかく。

私《わたし》の体《からだ》は案外《あんがい》
法《ほう》を犯《おか》してまで手《て》に入《い》れるほどの価値《かち》はないかもしれないわよ？
遠回《とおまわ》しな言《い》い方《かた》で解《わか》らないおバカさんのために具体的《ぐたいてき》に言《い》えばね
阿良々木《あららぎ》くんが下劣《げれつ》な本性《ほんしょう》をむき出《だ》しにして
こんな人気《ひとけ》のない所《ところ》に連《つ》れ込《こ》んで私《わたし》を強姦《ごうかん》しようというのなら

私《わたし》はどんな手段《しゅだん》を使《つか》ってでも
あなたにボーイズラブな復讐《ふくしゅう》をしてみせるわ。
それどんな!?
もちろん
私《わたし》を強姦《ごうかん》できれば…の話《はなし》だけれども
人間凶器《にんげんきょうき》かよ
コイツ…
――血《ち》の味《あじ》がした。

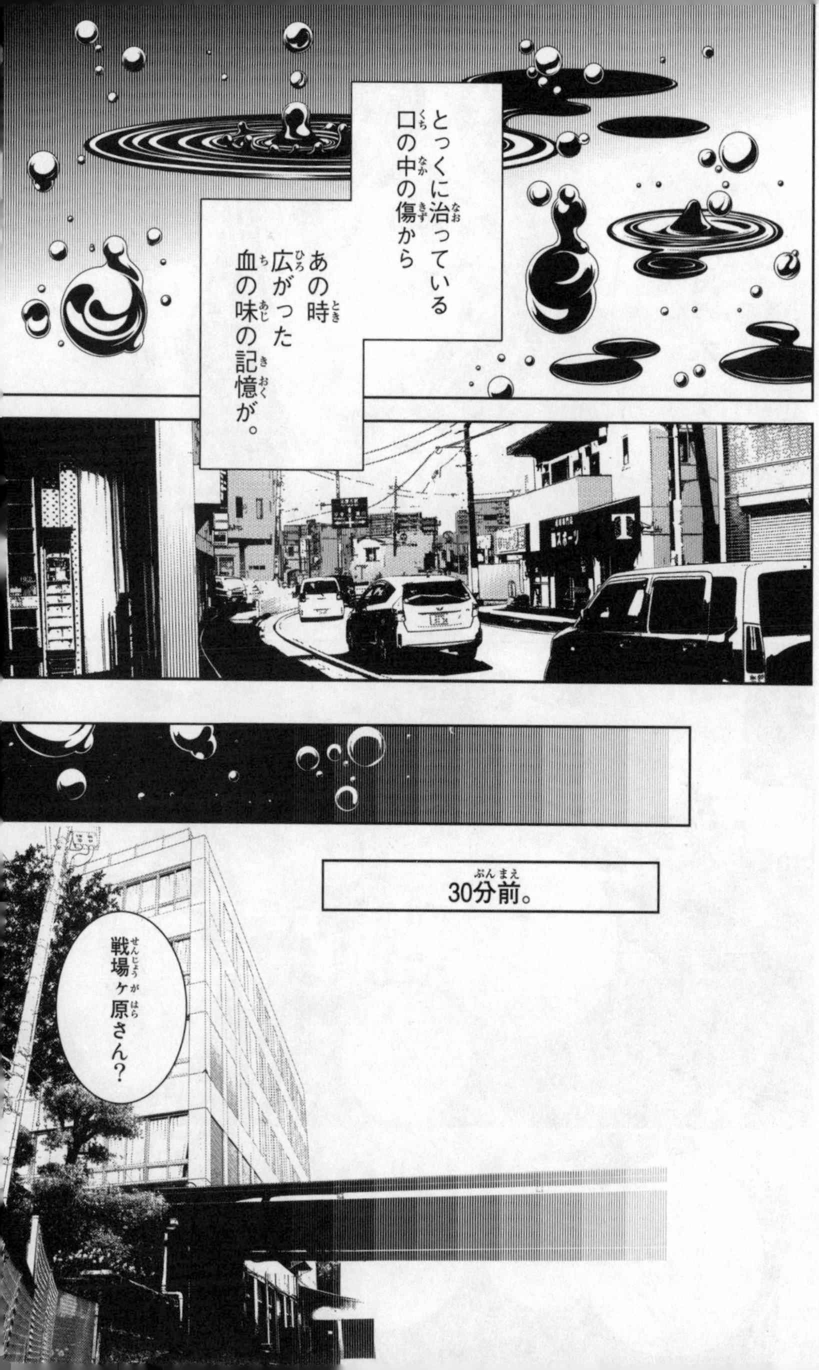
とっくに治《なお》っている
口《くち》の中《なか》の傷《きず》から
あの時《とき》
広《ひろ》がった
血《ち》の味《あじ》の記憶《きおく》が。
30分前《ぷんまえ》。
戦場《せんじょう》ヶ《が》原《はら》さん？

彼女《かのじょ》がどうかしたの?
阿良々木《あららぎ》くん
直
準備要
いや…なんつーか……
どんな奴《やつ》なのかな……って…
私《わたし》に訊《き》くより君《きみ》の方《ほう》が詳《くわ》しいんじゃない?
3年連続《ねんれんぞく》で同《おな》じクラスでしょ?
んーそうなんだけど……
男子《だんし》は病弱《びょうじゃく》キャラ好《す》きだもんねぇ
やめろ
そんなんじゃないんだホントに

戦場《せんじょう》ヶ《が》原《はら》ひたぎ。
なんとも物騒《ぶっそう》な名前《なまえ》だが
彼女《かのじょ》はいわゆる
〝病弱深窓令嬢《びょうじゃくしんそうれいじょう》タイプ〟
の女《おんな》の子《こ》だ。
触《ふ》れれば折《お》れそうな
たおやかで儚《はかな》げな
線《せん》の細《ほそ》いイメージで
確《たし》かに
その言葉《ことば》の雰囲気《ふんいき》は
戦場《せんじょう》ヶ《が》原《はら》に相応《ふさわ》しいように
僕《ぼく》にも思《おも》われた。

いつも教室《きょうしつ》の隅《すみ》の方《ほう》で
一人《ひとり》 本《ほん》を読《よ》んでいて
当然《とうぜん》のように
体育《たいいく》の授業《じゅぎょう》なんかには参加《さんか》しない。
いや、
それどころか
僕《ぼく》は あいつが
活発《かっぱつ》に動《うご》いている
という姿《すがた》を
いまだかつて
見《み》たことがない。
友達《ともだち》はいないらしい。
一人《ひとり》も、
だ。

現代量子力学の矛盾
トーマス・C・ポトフ
かと言《い》って
イジメられてる
わけでもなく
ただあたりまえの
ようにそこにいる。
穿《うが》った目《め》で見《み》れば
“本《ほん》を読《よ》む”
という行為《こうい》によって
「だから話《はな》しかけるな」
と己《おのれ》の周《まわ》りに壁《かべ》を作《つく》って
いるようにも見《み》える。
そこに一人《ひとり》で
いるのが
あたりまえで
でも、
ここにいないのが
あたりまえのように。
この2年間《ねんかん》で
知《し》ってるのなんて
先生《せんせい》に授業《じゅぎょう》で
当《あ》てられて…
「わかりません」って言《い》う
か細《ぼそ》い声《こえ》だけだよ…

あら。
でも彼女《かのじょ》
成績《せいせき》は優秀《ゆうしゅう》よ
それも一応《いちおう》
知《し》ってるけどさ…
羽川《はねかわ》
お前《まえ》が言《い》うな。
5教科《きょうか》6科目《かもく》
598点《てん》の
レジェンド委員長《いいんちょう》が
珍《めずら》しいわね
ちなみに この羽川《はねかわ》→
阿良々木《あららぎ》くんが
オンナノコに
興味《きょうみ》持つなんて
〝羽川翼《はねかわつばさ》〟は
生《う》まれ持《も》った
委員長《いいんちょう》たるべくして
委員長《いいんちょう》たる
委員長《いいんちょう》キャラで
この先の人生《じんせい》もずっと
何《なに》かの委員長《いいんちょう》なんじゃないか
とすら思《おも》わされる。
僕《ぼく》は
ゲイじゃないぞ。
えっ
違《ちが》うのっ!?
素《す》で
驚《おどろ》かれた!!?

とりたてて なんの問題児《もんだいじ》でもない クラスの置物《おきもの》のような 僕《ぼく》に対《たい》して
君《きみ》を更生《こうせい》させてみせます!!
――と宣言《せんげん》して 無理矢理《むりやり》 副委員長《ふくいいんちょう》に任命《にんめい》したのだ。
ぼろん。
それを何故《なぜ》 僕《ぼく》が唯々諾々《いいだくだく》と 請《う》けたかと 言《い》うと…
なにこの 服きてるのに
ポロリ見た感!!
そのアングルで 見《み》た光景《こうけい》は 関係《かんけい》ない。 ――関係《かんけい》ない ハズだ。
でも… ちょっと びっくりって言《い》うか…
意外《いがい》…だったかも。
私《わたし》はクラスは 一度《いちど》も一緒《いっしょ》じゃ なかったけど… 彼女《かのじょ》と中学《ちゅうがく》は 同《おな》じなんだよね
その時《とき》は今《いま》みたいな 感《かん》じじゃなかったから。

HIGASH
05

翔べ!

陸上部《りくじょうぶ》
スタァ☆よ!!
何故《なぜ》お前《まえ》がドヤ顔《がお》に!!
有名人《ゆうめいじん》だったからね
話《はなし》だけはたくさん聞《き》いたわ
お前《まえ》よりもか?
…と訊《き》こうと思《おも》って…やめた。
後輩《こうはい》にもすごく速《はや》いコがいて
ヴァルハラコンビとか呼《よ》ばれててさ…
僕《ぼく》の知《し》る限《かぎ》り羽川《はねかわ》以上《いじょう》の有名人《ゆうめいじん》はこの学年《がくねん》に存在《そんざい》しないのだが
羽川《はねかわ》は自分《じぶん》を〝ちょっと勉強《べんきょう》ができるだけの普通《ふつう》のコ〟だと本気《ほんき》で思《おも》っているようで
特別扱《とくべつあつか》いされるのをことのほか嫌《きら》うのだ。

でも……
すごく…キレイになったわ…彼女《かのじょ》。
今《いま》の方《ほう》が昔《むかし》よりずっと…キレイ。
存在《そんざい》がさ…儚《はかな》げで…
存在感《そんざいかん》が——ない。
そう。存在《そんざい》が儚《はかな》げ
つまり

まるで
幽霊《ゆうれい》のように。

それは今朝《けさ》のことだ
僕《ぼく》はあの時《とき》どうするべきだったのだろう
よけるよりは正《ただ》しい選択《せんたく》をしたはずだ

――ったのだ。
ぁ。あ――忘《わす》れてた。ゴメン羽川《はねかわ》。
仕事《しごと》、あと任《まか》せていいか？
え？えーっと、
任《まか》せるって……まだ何《なに》も決《き》まってないけど？
文化祭《ぶんかさい》の出《だ》し物《もの》なんて喫茶店《きっさてん》かお化《ば》け屋敷《やしき》だろ
その中《なか》から一応《いちおう》民主主義《みんしゅしゅぎ》っぽく皆《みんな》で投票《とうひょう》させりゃいいさ。
そりゃそうだけど……ひねてるわねぇ
どうしたの急《きゅう》に

今日《きょう》は忍野《おしの》のおっさんに呼《よ》ばれてた。
あの廃《はい》ビル行《い》ってくる。
忍野《おしの》さん？そうなの？
じゃあしかたないわね
忍野《おしの》さんによろしく。
ああ。
忍野《おしの》には羽川《はねかわ》も恩《おん》がある。
露骨《ろこつ》な切《き》り上《あ》げ方《かた》にちょっと後《うし》ろめたい気《き》もしたが
大丈夫《だいじょうぶ》
嘘《うそ》は言《い》ってない。
ピシャッ

羽川《はねかわ》さんと何《なに》を話《はな》してたの？
動かないで。

ああ…違《ちが》うわ。
「動《うご》いてもいいけどとても危険《きけん》よ」というのが正《ただ》しかったのね。

チキッ
……
……!!
!?
!!?
チキキッ
好奇心《こうきしん》というのは
全《まった》く
ゴキブリみたいね。
人《ひと》の触《ふ》れられたくない
秘密《ひみつ》ばかりに
こぞって寄《よ》ってくる…
COCKROACH
うっとうしくて
たまらないわ。
神経《しんけい》に触《ふ》れるのよ。
つまらない
虫《むし》ケラごときが。

右側《みぎがわ》が寂《さび》しかったんでしょ？
はっ…
や

全く《まった》
私《わたし》も
うかつだったわ
パタン
なっ
〝階段《かいだん》を昇《のぼ》る〟
という行為《こうい》には人一倍《ひといちばい》
気《き》をつけていたのに。
まさか
あんな所《ところ》に
バナナの皮《かわ》が
落《お》ちているなんて。
なんだッ…
コイツ…
パタンッ
百日《ひゃくにち》の説法《せっぽう》屁《へ》一《ひと》つ
とはよく言《い》ったものね
屁《へ》？
なにが
屁《へ》？
なんなんだ
コイツは
——!!

気《き》づいているんでしょ
私《わたし》のカラダの秘密《ひみつ》に
このことを知《し》っているのはこの学校《がっこう》じゃ保健《ほけん》の春上先生《はるかみせんせい》だけ…
つまり…あなたは二人目《ふたりめ》ということよ
………
あなたが今《いま》……何《なに》を考《かんが》えているかわかるわよ。

胸《むね》ばかり見《み》て
いやらしい。
断《だん》じて見《み》てないっ!!!
さて
私《わたし》は、あなたに私《わたし》の秘密《ひみつ》を黙《だま》ってもらうためには
何《なに》をすればいいのかしら
口が裂けても喋らないと阿良々木《あららぎ》くんに誓《ちか》ってもらうためには
私《わたし》は何《なに》をすべきなの?

どうやって口《くち》を封《ふう》じればいいのか
教《おし》えて。
しょ…
正気《しょうき》かっ……
こいつ…
こっ…
怖《こ》えええぇっえ〜〜〜〜ッ!!

病院《びょういん》の先生《せんせい》が言《い》うにはね
原因《げんいん》は「不明《ふめい》」
いえ、原因《げんいん》なんか「ない」んじゃないかって
!?
元からそれがそうであるように
そうであったとしか言えないって
馬鹿《ばか》馬鹿《ばか》しいと思《おも》わない？
あれだけ屈辱的《くつじょくてき》に私《わたし》の体《からだ》をいじくりまわしておいて
私《わたし》中学《ちゅうがく》まではただの可愛《かわい》い女《おんな》の子《こ》だったのに

自分《じぶん》で自分《じぶん》を
可愛《かわい》いと
言《い》い放《はな》った事実《じじつ》は
ともかく
2年《ねん》。
病院《びょういん》に
行《い》ってるってのは
…本当《ほんとう》だったのか

何《なに》を捨《す》て
何《なに》を諦《あきら》めるのに十分《じゅうぶん》な時間《じかん》だったろう…
僕のように
僕《ぼく》のように春休《はるやす》みのたった2週間《しゅうかん》ではなく
2年間《ねんかん》も。

同情《どうじょう》してくれているの?
お優《やさ》しいのね
でも私《わたし》は優《やさ》しさなんて欲《ほ》しくないのよ。
私《わたし》が欲《ほ》しいのは沈黙《ちんもく》と無関心《むかんしん》だけ。
持《も》っているなら
くれないかしら
沈黙《ちんもく》と無関心《むかんしん》をくれるなら
2回《かい》うなずいてちょうだい。
阿良々木《あららぎ》くん

それ以外《いがい》の動作《どうさ》は停止《ていし》ですら敵対行為《てきたいこうい》とみなして
即座《そくざ》に攻撃《こうげき》に移《うつ》るわ。
コク コク
チキチキチキチ
……ありがとう。

悲鳴《ひめい》をあげないのね
立派《りっぱ》だわ。

今回《こんかい》はこれでカンベンしてあげる。
自分《じぶん》の甘《あま》さが嫌《いや》になるけど
約束《やくそく》してくれた以上《いじょう》、誠意《せいい》で応《こた》えるべきですものね。
あ
悪魔《あくま》みたいな女《おんな》だ。
てて
いぐっ
てて

だけど――
大丈夫《だいじょうぶ》。この程度《ていど》の傷《きず》なら
僕《ぼく》は大丈夫《だいじょうぶ》。
あら。
まだいたの？阿良々木《あららぎ》くん
ガチャッ
羽川《はねかわ》。バナナは好《す》きか？
えっ
まぁ…どちらかと言《い》われれば
皮《かわ》を階段《かいだん》にポイなんてしてみろ
絶対《ぜったい》に僕《ぼく》は許《ゆる》さない。
はあ!?
意味《いみ》わかんないよ阿良々木《あららぎ》くん

2年《ねん》
2年《ねん》だぞ
僕《ぼく》の〝2週間《しゅうかん》〟に対《たい》して…
戦場ヶ原《せんじょうがはら》は2年《ねん》もの間《あいだ》アレと戦《たたか》っていたのだ。
長《なげ》ぇよな…
そりゃ

キッ
呆《あき》れたわ…
いえ、ここは素直《すなお》に驚《おどろ》いたと言《い》っておきましょう
ああ驚《おどろ》いた。
それ、驚《おどろ》いてる!?
あれだけのことをされておいて
直後《ちょくご》に反抗精神《はんこうせいしん》を立《た》ち上《あ》げた人《ひと》なんて憶《おぼ》えている限《かぎ》りあなたが初《はじ》めてよ
他《ほか》でもやってたのかよッ!!
いいわ。
わかりました
〝やられたらやり返《かえ》す〟というその態度《たいど》は私《わたし》の正義《せいぎ》に反《はん》するものじゃありません。

ギチ
ギチ
ギチ
戦《せん》争《そう》を、しましょう
……
おい日本《にほん》。
こんな危険人物《きけんじんぶつ》を野放《のばな》しにするのは行政《ぎょうせい》の怠慢《たいまん》じゃないか？

ちっ 違《ちが》う 違《ちが》う。
戦争《せんそう》はしないっ
しないの？ なぁんだ。
何故《なぜ》にそんな残念《ざんねん》そうッ
ひょっとして。もしかしたら。──なんだけどさ。
力《ちから》になれるんじゃないかと思《おも》って
ふざけないで 安《やす》い同情《どうじょう》はまっぴらだって言《い》ったでしょ
黙《だま》って!! 無視《むし》してくれればそれでいいの!!

優《やさ》しさも
敵《てき》対《たい》行《こう》為《い》とみなす!!
――って言《い》ったわよねッ

――――ッ!!

〃傷《きず》〃が…
…ない…!?

〝それ〟は春《はる》休《やす》みのことだ。
僕《ぼく》は吸血《きゅうけつ》鬼《き》に襲《おそ》われた。

こんなの今時《いまどき》恥《は》ずかしくて表《おもて》を歩《ある》けないぐらいなのだが、事実《じじつ》なのだ。しかたない。
別《べつ》にヨーロッパに出《で》かけたわけでもなしこの、日本中《にほんじゅう》どこにでもあるような田舎町《いなかまち》、直江津町《なおえつちょう》の路上《ろじょう》でだ。

うぬ。

おい、そこのうぬじゃ。儂《わし》を助《たす》けさせてやろう。近《ちこ》う、もっと近《ちこ》う寄《よ》れ。聞《き》こえぬのか。この儂《わし》を助《たす》けるという栄誉《えいよ》を与《あた》えると言《い》っておるのだぞ。

我《わ》が名《な》はキスショット・アセロラオリオン・ハートアンダーブレード
鉄血《てっけつ》にして熱血《ねっけつ》にして冷血《れいけつ》の吸血鬼《きゅうけつき》じゃ。
は……早《はよ》う……ッ
うぬの血《ち》を寄越《よこ》せ。

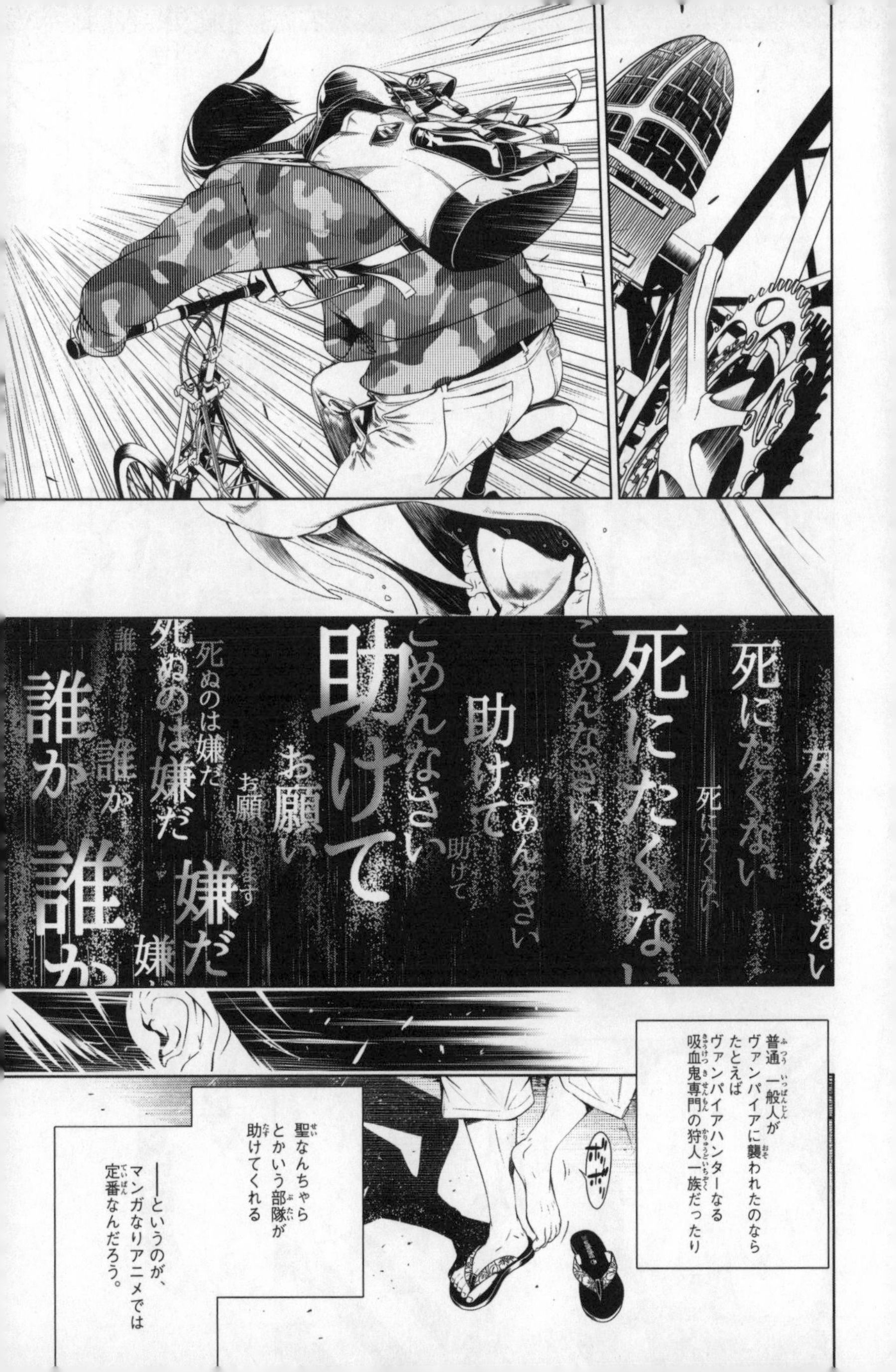

死にたくない
死にたくない
死にたくない
死にたくない
ごめんなさい、
ごめんなさい
助けて
助けて
ごめんなさい
助けて
お願い
お願いします
嫌だ
嫌
死ぬのは嫌だ
死ぬのは嫌だ
誰か
誰か
誰か
誰か
普通《ふつう》一般人《いっぱんじん》が
ヴァンパイアに襲《おそ》われたのなら
たとえば
ヴァンパイアハンターなる
吸血鬼《きゅうけつき》専門《せんもん》の狩人《かりゅうど》一族《いちぞく》だったり
聖《せい》なんちゃら
とかいう部隊《ぶたい》が
助《たす》けてくれる
——というのが、
マンガなりアニメでは
定番《ていばん》なんだろう。

だけど
僕《ぼく》の場合《ばあい》は
助《たす》けてくれたのは
通《とお》りすがりの
忍野《おしの》という
小汚《こぎたな》いおっさんだった。
忍野《おしの》…
その人《ひと》が…
ここに
住《す》んでいるのね
忍野《おしの》メメさん。
メメなんて
随分《ずいぶん》
萌《も》えちぎりそうな
お名前《なまえ》じゃない
やめろ。
そんな期待《きたい》して
実物《じつぶつ》見《み》たら
アレだぞ。
ギャップで
吐《は》くぞ。

とにかくそのおっさんはこういうのが専門《せんもん》なんだと。
怪異
僕《ぼく》やお前《まえ》みたいな。
気安《きやす》くお前《まえ》なんて言《い》わないで。
ていうか一緒《いっしょ》の項目《こうもく》に分類《ぶんるい》しないで。
私《わたし》はまだあなたのこと、信用《しんよう》したわけじゃないのよ。
めんどくせえ女《おんな》だな。
じゃあどう言《い》えばいいんだよ
オネガイシマス センジョーガハラ サマ タスケサセテ クダサイト
ちょん
そうね。土下座《どげざ》してお願《ねが》いしてもらおうかしら。
お願《ねが》いします。戦場《せんじょう》ヶ原《はら》様《さま》助《たす》けさせてくださいと
いいわ。
誠意《せいい》には応《こた》えましょう
ザッ
カタカナは気《き》に入《い》らないけど。
こんなんでいいのか！

じゃあ
その武器《ぶき》
…いや、
文房具《ぶんぼうぐ》、渡《わた》せ。
全部《ぜんぶ》
えっ
忍野《おしの》は
変《へん》なおっさんだけど
…一応《いちおう》
僕《ぼく》の恩人《おんじん》なんだ。
危険人物《きけんじんぶつ》を
会《あ》わせるわけには
いかない
それに
羽川《はねかわ》の
恩人《おんじん》でもある。
キョロ…
キョロ…
じろり
…
……
あなた
私《わたし》を
ハメたわね?
違《ちげ》えって!
つーか
誰《だれ》も他《ほか》に
いねえよ。
……
帰《かえ》るかな
……?
いいわ。

こっ…
こいつの服《ふく》には
四《よ》次《じ》元《げん》ポケットでも
ついてるのか？
いつまでひろっているのよ。
さっさと行《い》くわよクズ

いい?
もし私《わたし》に何《なに》かあれば即座《そくざ》に5千人《にん》のむくつけき男《おとこ》どもがまたたく間《ま》に現《あらわ》れ……
あ――
はいはい5千人《にん》ね…

そう
戦場《せんじょう》ヶ《が》原《はら》の体《からだ》は
体重《たいじゅう》がなかった。
まるで
そこに存在《そんざい》
しないかのように。

蟹《かに》よ
1匹《ぴき》の蟹《かに》に出会《であ》って
持っていかれたの
根《ね》こそぎ。体重《たいじゅう》を。
トン

あ
ありがとう…
な…何《なに》よっ その顔《かお》!!
助《たす》けてくれたら お礼《れい》ぐらい言《い》うのが 人《ひと》の道《みち》でしょっ
お前《まえ》の中《なか》に 人《ひと》の道《みち》が通《とお》っていた方《ほう》が 驚《おどろ》きだ!!

どうして
助《たす》けてくれるの
僕《ぼく》は助《たす》けない
そもそも何《なに》もできないし……
なんて言《い》うのかな……
お前《まえ》はたぶん
今《いま》から自分《じぶん》で自分《じぶん》を助《たす》けなければいけない
…んじゃないか、と、思《おも》う。

僕《ぼく》はその道《みち》案内《あんない》をするだけだ。

じゃあ よろしく
道案内《みちあんない》の下僕《げぼく》さん
単語《たんご》一つ よけいだっ

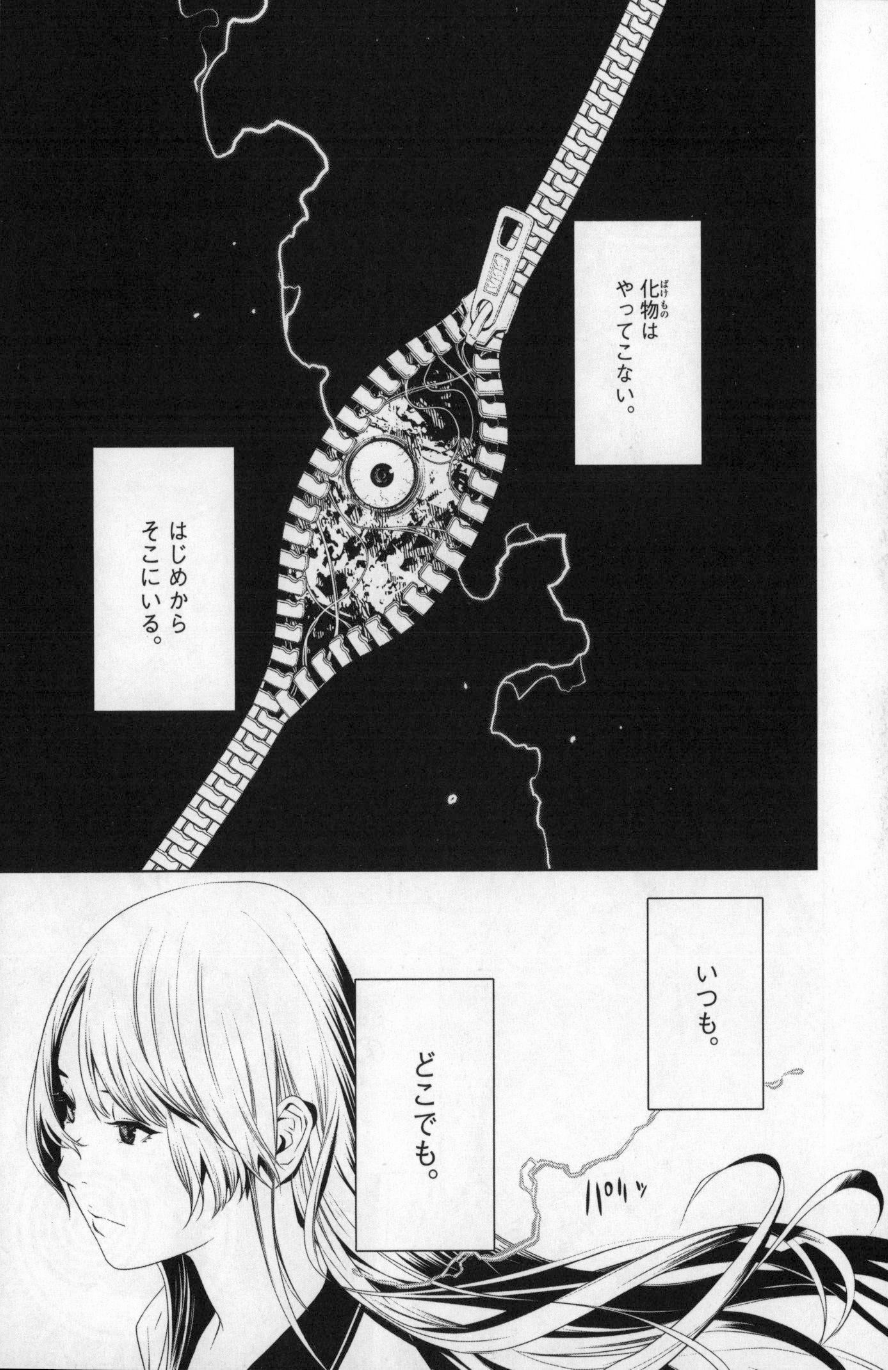
化物《ばけもの》はやってこない。
はじめからそこにいる。
いつも。
どこでも。
パリッ

誰《だれ》の。

中《なか》にでも。
新課程
チャート式
基礎からの

化物語《バケモノガタリ》

01 ひたぎクラブ

化 *bake*

物 *mono*

HITAGIcrab

1

語 *gatari*

化 bake

物 mono

語 gatari

HITAGIcrab

1

一つ、訊《き》いていい？

不死身《ふじみ》って便利《べんり》そうね
──って言《い》われたら
傷《きず》つく？
今《いま》はそうでもない。
今《いま》は
な。
今《いま》は。だ。
失敗《しっぱい》したわねぇ
そうと知《し》っていたらちょっと
〇〇を〇〇して〇〇とか色々《いろいろ》試《ため》しておくのだったわ
オイッ
その〇〇には何《なに》が入《はい》るんだッ
その心底《しんそこ》残念《ざんねん》そうな顔《かお》をやめろッ

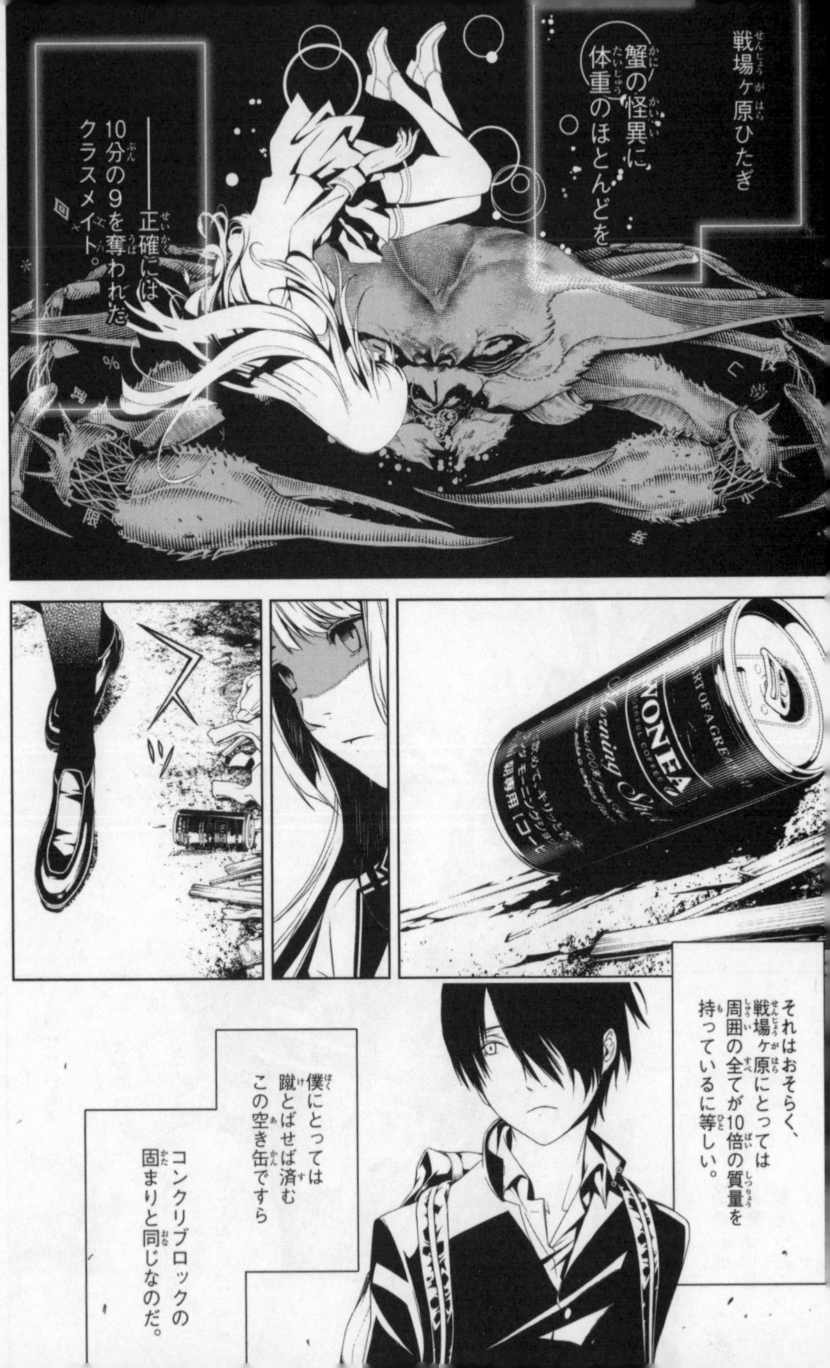
戦場《せんじょう》ケ原《がはら》ひたぎ
蟹《かに》の怪異《かいい》に、
体重《たいじゅう》のほとんどを
——正確《せいかく》には
10分《ぶん》の9を奪《うば》われた
クラスメイト。
それはおそらく、
戦場《せんじょう》ヶ原《がはら》にとっては
周囲《しゅうい》の全《すべ》てが10倍《ばい》の質量《しつりょう》を
持《も》っているに等《ひと》しい。
僕《ぼく》にとっては
蹴《け》とばせば済《す》む
この空《あ》き缶《かん》ですら
コンクリブロックの
固《かた》まりと同《おな》じなのだ。

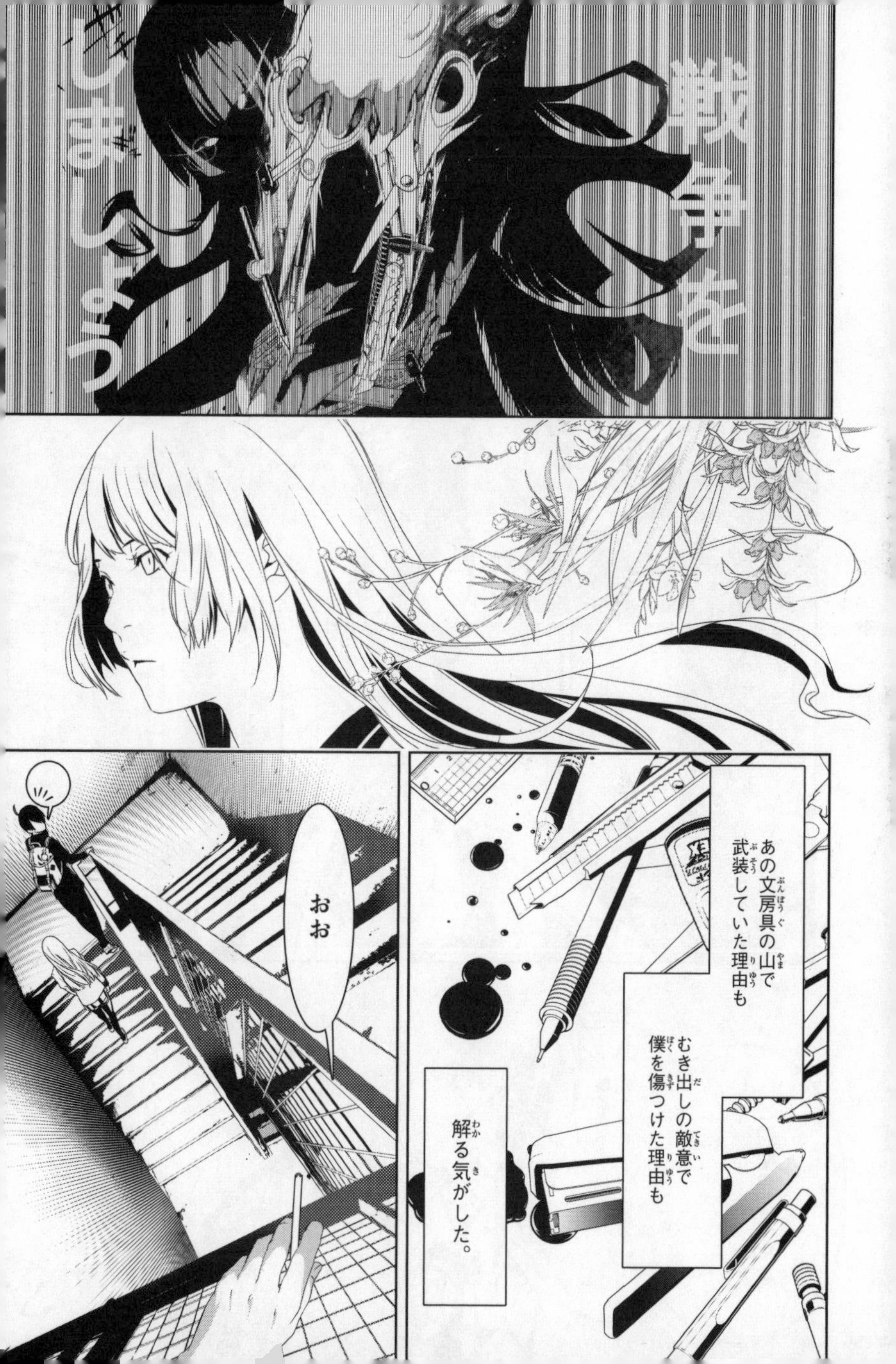

戦争をしましょう
あの文房具《ぶんぼうぐ》の山《やま》で武装《ぶそう》していた理由《りゆう》も
むき出《だ》しの敵意《てきい》で僕《ぼく》を傷《きず》つけた理由《りゆう》も
解《わか》る気《き》がした。
おお

やっと来《き》たのか阿良々木《あららぎ》くん
なんだい今日《きょう》もまた別《べっ》の娘《こ》を連れているんだね
委員長《いいんちょう》ちゃんといい前髪《まえがみ》ぱっつんが好《この》みかい？
全《まった》くご同慶《どうけい》の至《いた》りだよ。

無視!!
あ――……
コレが
忍野《おしの》。
…
初《はじ》めまして
ペこ
戦場《せんじょう》ヶ《が》原《はら》ひたぎです。
阿良々木《あららぎ》くんから話《はなし》を伺《うかが》って来《き》ました。
オイオイ
イキナリ コレ扱《あつか》いは ないだろう
ふ――ん
……ん?
〝何《なに》か〟見《み》えているんですか
いいやぁ……
見《み》えないよ
何《なに》も♡
ピクッ

〈物語〉シリーズ最新刊
阿良々木暦の大学生編《モンスターシーズン》第2弾
宵物語《ヨイモノガタリ》
西尾維新
Illustration/VOFAN
直江津高校の後輩・日傘星雨がもたらした、小学生女児誘拐事件の『噂』。大学一年生になった阿良々木暦は、八九寺真宵、忍野忍、斧乃木余接とともに調査をはじめるが……!
KODANSHA BOX
1300円
原作小説 続々刊行中!
詳しくはコチラ▶▶▶

化物《バケモノ》語《ガタリ》

——2時《じ》間《かん》後《ご》。
民倉荘

何《なに》もねぇ部屋《へや》だな…
ザァァァ
「母親《ははおや》が怪《あや》しい宗教《しゅうきょう》にハマってしまってね…」
戦場ヶ原《せんじょうがはら》は何《なに》かの言《い》い訳《わけ》のように自分《じぶん》で話《はな》しだした。

財産《ざいさん》を全《すべ》て貢《みつ》いだどころじゃ済《す》まなくて
多額《たがく》の借金《しゃっきん》まで背負《せお》ってしまって
結局《けっきょく》、去年《きょねん》の暮《く》れに両親《りょうしん》は離婚《りこん》
今《いま》は父親《ちちおや》と二人《ふたり》で暮《く》らしているという。
父親《ちちおや》もその借金返済《しゃっきんへんさい》のため滅多《めった》に帰《かえ》ってこないらしい。
一人暮《ひとりぐ》らしみたいなもので気《き》は楽《らく》よ。
阿良々木《あららぎ》くん。あなたを虐待《ぎゃくたい》してあげる
は!?

違《ちが》った。招待《しょうたい》だったわね。
いえ、やっぱり虐待《ぎゃくたい》だったかしら？
しょっ…招待《しょうたい》で完《かん》ペキに正解《せいかい》だ!!それ以外《いがい》にない!!
いやあっ光栄《こうえい》だなあッはっはっはっ
大金持《おおがねも》ちの深窓《しんそう》の令嬢《れいじょう》って話《はなし》はどうやら…随分《ずいぶん》古《ふる》い情報《じょうほう》みたいだぜ
羽川《はねかわ》……
〃おもし蟹《かに》〃

怪
宮崎《みやざき》の山間部《さんかんぶ》あたりの民間伝承《みんかんでんしょう》だよ。
地域《ちいき》によっては重《おも》し蟹《かに》だったり
重《おも》いし蟹《かに》重石蟹《おもいしかに》だったり細部《さいぶ》はバラバラだけど

共通《きょうつう》しているのは
「人《ひと》から重《おも》さを奪《うば》う」。
……
な…なぁ カニって… 本当《ほんとう》の蟹《かに》なのか？
つーかココ 宮崎《みやざき》じゃねェし…
あっはっはっ バカだなぁ 阿良々木《あららぎ》くんは
それじゃ 蟹《かに》っていうより アメリカザリガニじゃないか
僕《ぼく》のゼスチャーが 下手《へた》なのは どうでも いいだろがッ
場所《ばしょ》は、カンケーない。
だいたいさぁ 日本《にほん》の、こんな片田舎《かたいなか》で 伝説《でんせつ》の吸血鬼《きゅうけつき》に襲《おそ》われた君《きみ》が 何言《なにい》ってんだか！
ひゃっはっ
よけいな お世話《せわ》だッ
。
もの凄《すご》くッ!!
そういう〝場《ば》〟ができれば ——そこに生《しょう》じる。
それだけさ。 いたってシンプル。

ま、蟹《かに》でも石《いし》でも どっちでもいいさ。 兎《うさぎ》って話《はなし》もあるが
今回《こんかい》、お嬢《じょう》ちゃんが 遭《あ》ったのが 蟹《かに》だって言《い》うんなら
きっと 蟹《かに》なんだろ。
……
なんなんですか それは。
名前《なまえ》なんて 私《わたし》だって どうだって いいですけど。
…もっと 真剣《しんけん》に……
おおう…
ああ いやいや
重要《じゅうよう》だよォ …うん。 名前《なまえ》は重要《じゅうよう》だ。
……私《わたし》は。 あなたが助《たす》けてくださると 聞《き》いて来《き》たんですけれど。
うん？ 助《たす》ける？ 僕《ぼく》が？ そりゃあムリだ はっは——

君《きみ》が勝手《かって》に一人《ひとり》で助《たす》かるだけさ。
〝ああいうモノ〟ってのはどこにでもいるし
どこにもいない、とも言《い》える
つまりお嬢《じょう》ちゃん。
君《きみ》の視点《してん》…心《こころ》の在《あ》りようというのかな…それが切《き》り替《か》わるだけなのさ。
禅問答《ぜんもんどう》ですね まるで。
いいやぁ… 違《ちが》うさぁ
君《きみ》は薄々《うすうす》 この答《こた》えに気《き》づいているはずさ。
君《きみ》は
〝何《なに》か〟のせいでそうなったんじゃない。

被害者《ひがいしゃ》ヅラが気《き》に喰《く》わねェってんだよ!!!

おやおや なかなかどうして… てっきりただの我儘《わがまま》お嬢《じょう》ちゃんと思《おも》ったら…
おもし蟹《かに》に遭《あ》う娘《こ》ってのは大抵《たいてい》〝そう〟だからさ
ゴメンね♡
――5人《にん》。

私《わたし》に向《む》かって同《おな》じようなセリフを吐《は》いた人《ひと》が……5人《にん》いたわ。
その全員《ぜんいん》が詐欺師《さぎし》で
全員《ぜんいん》が血《ち》ヘドを吐《は》いたわ
それか!!
手慣れた口のホッチキス!!
忍野《おしの》メメさん?
あなたもその血脈《けつみゃく》のお一人《ひとり》なのかしら?
そんな部族《ぶぞく》がいたのかよッ
………
帰《かえ》りなさい。

帰《かえ》ったら
冷水《れいすい》で体《からだ》を清《きよ》めて
清潔《せいけつ》な服《ふく》に
着替《きが》えてから
夜《よる》、零時《れいじ》に
ここで再集合《さいしゅうごう》だ。
──いいね？
ザッ
ふぅ…
ピクッ
…
こっちも
準備《じゅんび》が
必要《ひつよう》だからさぁ
──…
帰《かえ》る前《まえ》に
……一つだけ
いいですか？
〝アレ〟は
なんです？

あ───…
えっと…
アレはなんでもない。

ただあそこに座《すわ》ってるだけ。
何《なに》もできない。なんでもない。
影《かげ》も形《かたち》もないし
名前《なまえ》もない。
いやいや…名前《なまえ》なら昨日《きのう》つけてあげたんだよ
委員長《いいんちょう》ちゃんの時《とき》は役《やく》に立《た》ってくれたしね
!?
我《われ》ながら悪《わる》くないセンスで気《き》に入《い》ってるんだが。
忍《しのぶ》。
忍野《おしの》忍《しのぶ》。
刃《やいば》の下《もと》に心《こころ》あり。彼女《かのじょ》らしいだろ。
苗字《みょうじ》は僕《ぼく》のをそのまま流用《りゅうよう》して…
吸血鬼《きゅうけつき》のなれの果《は》て。
美《うつく》しき鬼《おに》のしぼりかす。
僕《ぼく》が一生《いっしょう》付《つ》き合《あ》っていかなきゃいけない程度《ていど》の
ただの〝業《ごう》〟だ。

なんでもないの。
ならいいわ。
いいのかッ!!!
かっかっかっ
淡白《たんぱく》だねェ
——思《おも》えば
僕たちの中《なか》では戦場《せんじょう》ケ原《がはら》はまだ
〝運《うん》がいい方《ほう》〟なのかもしれないな……

本人《ほんにん》にとっては大問題《だいもんだい》でも
羽川
文化祭の出しものは喫茶店とお化け屋敷の2択で資料揃えました。明日のホームルームで提起しますのでプレゼンの準備をお願いします。
この怪異《かいい》は周囲《しゅうい》の何《なに》かを破壊《はかい》したりとか…そういうのはないわけで。
羽川
……さすが羽川《はねかわ》。
羽川《はねかわ》の時《とき》は──違《ちが》った。
怪猫
全《すべ》てを破壊《はかい》して
それはとても厄介《やっかい》な…僕《ぼく》も忍野《おしの》も
何度《なんど》も死《し》にかけたほどの──…
ちょっと。

そこどいてちょうだい。服《ふく》が取《と》り出《だ》せないわ。
服《ふく》着《き》ろッ
服《ふく》!!
だから今《いま》着《き》るのよ。

なんで今《いま》から着《き》るんだよッ
着《き》るなって言《い》うの?
着《き》て出《で》ろって言《い》ってんだよッ
持《も》って入《はい》るの忘《わす》れたのよ。
だったらタオルで隠《かく》すとかッ!!!
いやよビンボー臭《くさ》い。
は…
初《はじ》めて女性《じょせい》の全裸《ぜんら》を見《み》てしまった…
でも…違《ちが》う…
なんか…チガウ…
何なのこの喪失感
僕《ぼく》が夢《ゆめ》に思《おも》い描《えが》いていたハジメテはこんな裸《はだか》ん坊《ぼう》バンザイみたいなあけっぴろげなカンジじゃなかったハズ…
清潔《せいけつ》な服《ふく》ねぇ…
やっぱり白《しろ》かしら
白《しろ》いショーツなんて持《も》っていないわ。
穿《は》かなくちゃいけないのかしらね
知《し》らねェよッ

いちいち怒鳴《どな》らないで
生尻《セイケツ》な服《ふく》に唾《つば》が飛《と》ぶでしょう
字《じ》が違《ちが》う字《じ》がッ お前《まえ》わざとだろッ
まさかあなた、私《わたし》のヌードを見《み》て劣情《れつじょう》をもよおしているんじゃないでしょうね？
指一本《ゆびいっぽん》でも触《ふ》れたら舌《した》を噛《か》み切《き》るわ。
へーへー身持《みも》ちの固《かて》ぇこって。
そうだとしても僕《ぼく》に何《なに》かの責任《せきにん》があるのかッ!?
あなたのをよ？
僕《ぼく》のをかよっ
マジおっかねぇッ!!
もういいわよこっち向《む》いても。
――ったく

何《なに》が目的《もくてき》なんだぁ
ぁぁあああぁ
お前《まえ》はぁあぁあ
――ッ!!!

何《なに》よ今日《きょう》のお礼《れい》で大《だい》サービスしてあげているのに
ちょっとは喜《よろこ》びなさいよ
それよりホラ何《なに》か、あるでしょう?
はい!? 何《なに》か!?
感涙《かんるい》にむせぶとか感《かん》に打《う》たれるとか美《うつく》しさに目《め》も眩《くら》むとか思《おも》わず礼讃《らいさん》の詩《うた》を即興《そっきょう》で詠《よ》んでしまったりとか。
すげえポジティブですね戦場《せんじょう》ヶ《が》原《はら》さんは。
見《み》たらせめて感想《かんそう》の一つも言《い》うのが礼儀《れいぎ》でしょ!!
気《き》が利《き》かない人《ひと》ね!! なんでもいいから言《い》いなさい!!
逆《ぎゃく》ギレされたっ!!?

男《おとこ》にとって結構《けっこう》なイベントなはずの
生《なま》の裸《はだか》を初《はじ》めて堂々《どうどう》と凝視《ぎょうし》する、という行為《こうい》が
——なぜにこんな強迫《きょうはく》されながら…
……おおっぱいいいカタチしてるね…
…とか？
最低《さいてい》。
おっおまっお前《まえ》がなんでも言《い》えって言《い》うからあぁあああぁ——〜〜〜

そんなことだからあなた、一生涯童貞《いっしょうがいどうてい》だったのよ
はぁ…
一生涯《いっしょうがい》!!? だった!?
ええぇっ 君《きみ》、未来人《みらいじん》!!?
なぜ過去系!?
唾《つば》飛《と》ばさないで。
童貞《どうてい》が伝染《うつ》るわ。
伝染《うつ》るかっ
つーか さっきから僕《ぼく》が童貞《どうてい》であるという前提《ぜんてい》で話《はなし》が進《すす》んでいるが!!
だってそうでしょう。あなたを相手《あいて》にしてくれる小学生《しょうがくせい》なんて存在《そんざい》しないはず。
はいはいッ その発言《はつげん》に対《たい》する異議《いぎ》二つ!!
一つ!! 僕《ぼく》はロリコンではない!!
二つ!! 探《さが》せばきっと僕《ぼく》を相手《あいて》にしてくれる小学生《しょうがくせい》は存在《そんざい》するはずだ

一つ目《め》があれば二つ目《め》はいらないのでは
……
いらなかった。
要《よう》するに童貞《どうてい》なんでしょう?
ううっ…はいっ、そうです僕《ぼく》は童貞野郎《どうていやろう》ですッ…!!!
ううっ…なぜ…こんな屈辱《くつじょく》をっ…!!!
敗北者
初《はじ》めからそう言《い》えばいいのよ。残《のこ》りの寿命半分《じゅみょうはんぶん》に匹敵《ひってき》する幸運《こううん》なのだから有難《ありがた》く舐《な》め尽くすように見《み》ればいいの。
はい これであなたの死期《しき》45歳《さい》ね。
お前《まえ》は死神《しにがみ》かッ
そう じゃあ羽川《はねかわ》さんとも〝まだ〟なんだ
はあ!?
なんで羽川《はねかわ》ッ!!?

あなたたち付《つ》き合《あ》っているんでしょ?
いつも一緒《いっしょ》にいるじゃない。
は?
それは違《ちが》うっ全然《ぜんぜん》違《ちが》うぞっ
断《だん》じてないっ!!
ああやっぱり。
どうせそうじゃないかと
カマかけ!!?
羽川《はねかわ》のアレは単純《たんじゅん》に面倒見《めんどうみ》がいいだけだ。
単純《たんじゅん》に…そして過剰《かじょう》にアイツは善人《ぜんにん》なんだ。
一番《いちばん》駄目《だめ》な奴《やつ》が一番《いちばん》かわいそうだって…
一番《いちばん》損《そん》をしてるんじゃないかって、な。
そんな愉快《ゆかい》な勘違《かんちが》いで僕《ぼく》にちょっかいかけてるだけなんだよ…

――そう。
羽川《はねかわ》さんも忍野《おしの》さんのお世話《せわ》になったのね?
えっ 話《はな》したか!?
ヤバイッ
委員長《いいんちょう》ちゃんとか忍《しのぶ》って娘《コ》が役《やく》に立《た》ったとか言《い》ってたじゃない。
あなたの彼女《かのじょ》でもないってことはつまり――そういうことでしょ?
……
ふぅん…
頭《あたま》のいい奴《やつ》の相手《あいて》は…
疲《つか》れる…
はぁ。
ま…羽川《はねかわ》のお墨付《すみつ》きだからってわけじゃないが…
忍野《おしの》は信用《しんよう》してもいいと思《おも》うぜ? 人格《じんかく》はアレだが腕《うで》は確《たし》かだし…
悪《わる》いけど。
私《わたし》はまだあの人《ひと》のこと毛《け》ほども信用《しんよう》していないわ。

たまたま階段《かいだん》で足《あし》を滑《すべ》らせて
たまたまそれを受《う》け止《と》めた人《ひと》がたまたま春休《はるやす》みに吸血鬼《きゅうけつき》に襲《おそ》われたクラスメイトで
たまたまそのクラスの委員長《いいんちょう》も怪異《かいい》に関《かか》わりがあって
そのたまたまのつながりで
たまたま元学習塾《もとがくしゅうじゅく》の廃墟《はいきょ》に棲《す》みつくホームレスのようなオジサンに救《すく》われるなんて
立入禁止

そんな偶然《ぐうぜん》を信《しん》じられるほど私《わたし》は楽天家《らくてんか》じゃないだけ。
……服《ふく》、後《うし》ろ前《まえ》に着《き》ちゃったわ。一度《いちど》脱《ぬ》がせてくれる？
はいっ!!??
お前《まえ》さッ本当《ほんとう》はその自慢《じまん》の肉体《にくたい》を僕《ぼく》に見《み》せつけたいだけなんじゃないのかッ
そんな自惚《うぬぼ》れてはいないわ
着替《きが》えは苦手《にがて》なの
重《おも》いのよ
服《ふく》が。
あ…ああ
なるほど…

なぁ 戦場《せんじょう》ヶ《が》原《はら》。
お前《まえ》の お母《かあ》さんがさ…… 宗教《しゅうきょう》にハマったって ……ソレ、 お前《まえ》のため だったんじゃ ないのか？
嫌《いや》な質問《しつもん》ね。

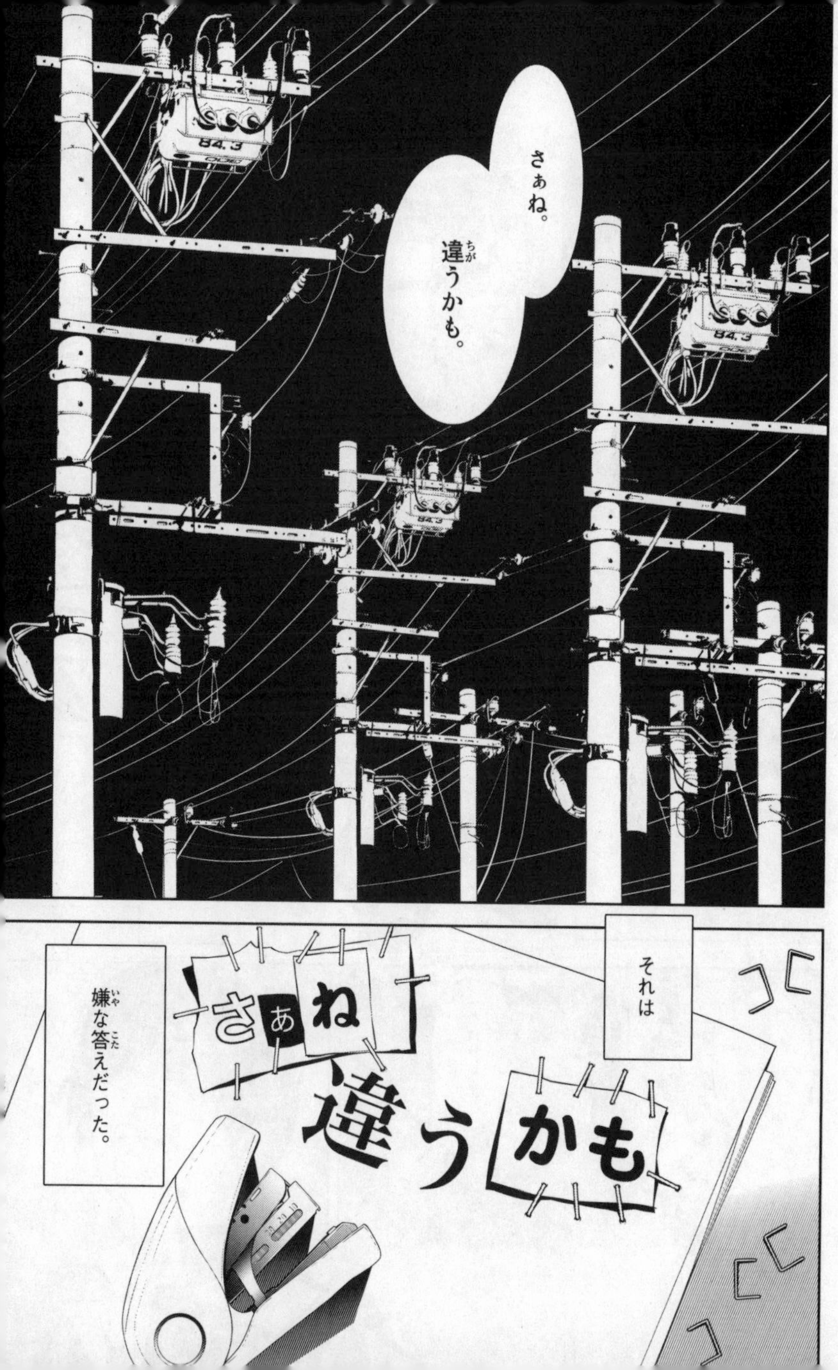
さぁね。
違《ちが》うかも。
それは
さぁね
違うかも
嫌《いや》な答《こた》えだった。

やぁ
来《き》たね。
同《おな》じ家《いえ》に
暮《く》らす家族《かぞく》
ましてや
母親《ははおや》なのだ
娘《むすめ》の異変《いへん》に
気《き》がつかない
など…
ありえない。
な
なにソレ…
あ? うん。
フンイキ作《づく》りだよ
フンイキ作《づく》り。

ましてや
医者《いしゃ》も匙《さじ》を投《な》げ
幾人《いくにん》もの詐欺師《さぎし》に
ひっかかって
よし。
さっさと
済《す》ませてしまおうか。
そんな時《とき》…
心《こころ》の拠《よ》り所《どころ》を
どこかに求《もと》めたからといって…
誰《だれ》がソレを責《せ》められると
いうのだろう。
………
さっさとって
そんな簡単《かんたん》に
退治《たいじ》できるような
もんなのかよ?
退治《たいじ》?
はっはっはっ
考《かんが》え方《かた》が
乱暴《らんぼう》だなぁ
何《なに》か
いいことでも
あったのかい
阿良々木《あららぎ》くん

ふうん 見違《みちが》えたね。

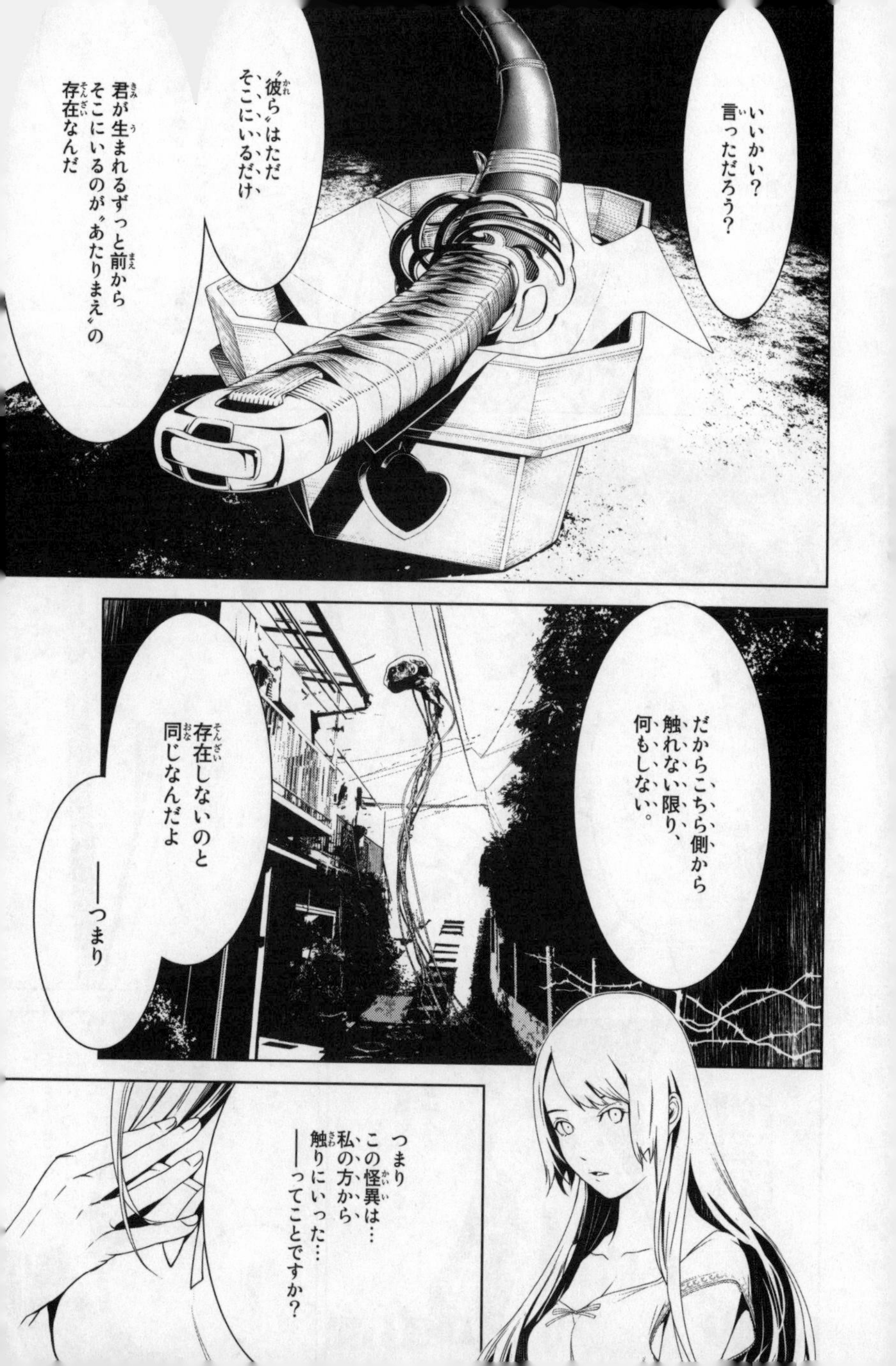
いいかい？ 言《い》っただろう？
〝彼《かれ》ら〟はただそこにいるだけ
君《きみ》が生《う》まれるずっと前《まえ》からそこにいるのが〝あたりまえ〟の存在《そんざい》なんだ
だからこちら側から触れない限り、何もしない。
存在《そんざい》しないのと同《おな》じなんだよ
——つまり
つまりこの怪異《かいい》は…私の方から触《さわ》りにいった…——ってことですか？

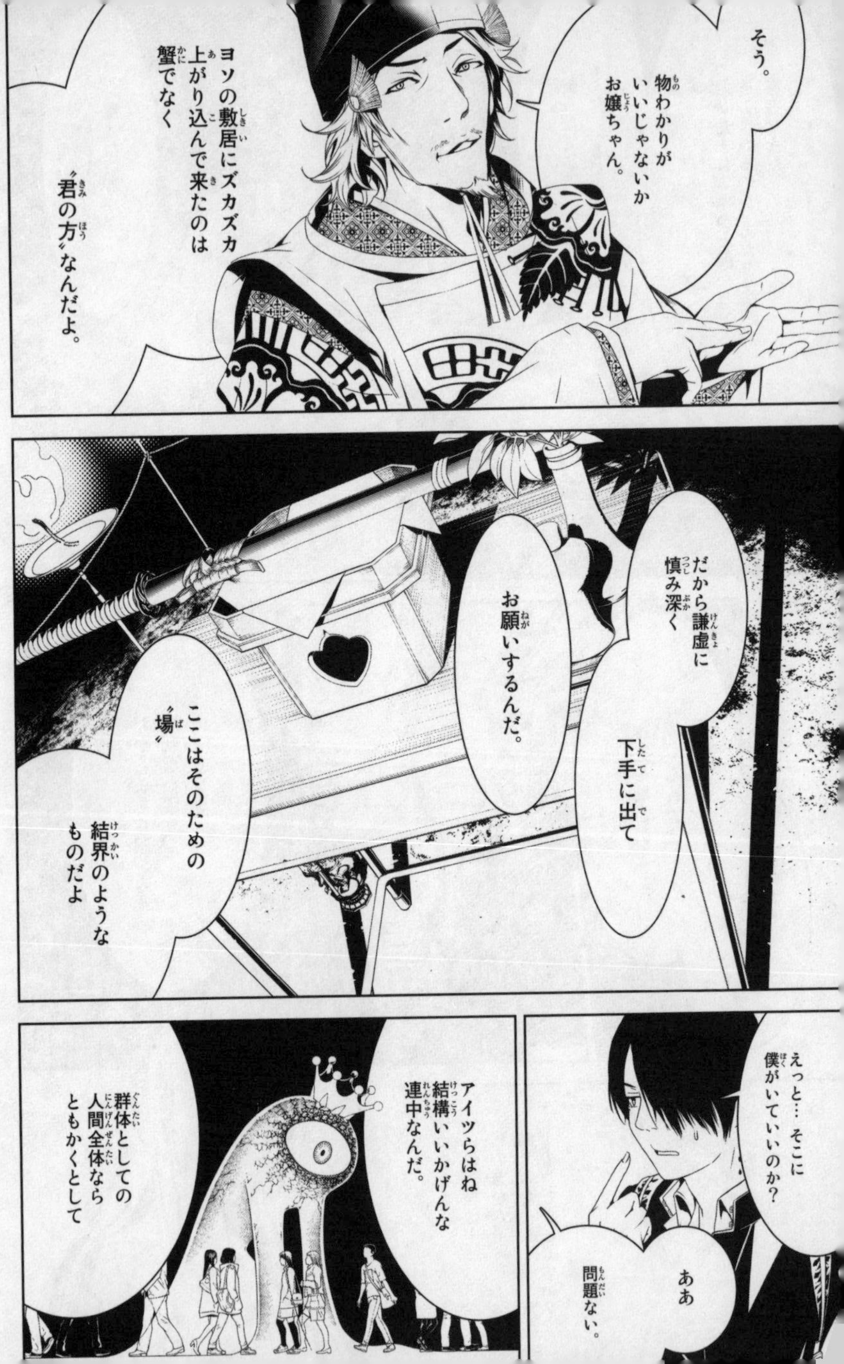
そう。
物《もの》わかりがいいじゃないかお嬢《じょう》ちゃん。
ヨソの敷居《しきい》にズカズカ上《あ》がり込《こ》んで来《き》たのは蟹《かに》でなく
〝君《きみ》の方《ほう》〟なんだよ。
だから謙虚《けんきょ》に慎《つつし》み深《ぶか》く
下手《したて》に出《で》て
お願《ねが》いするんだ。
ここはそのための〝場《ば》〟
結界《けっかい》のようなものだよ
えっと…そこに僕《ぼく》がいていいのか?
ああ
問題《もんだい》ない。
アイツらはね結構《けっこう》いいかげんな連中《れんちゅう》なんだ。
群体《ぐんたい》としての人間《にんげん》全体《ぜんたい》ならともかくとして

個々人《ここじん》のことなんて本当《ほんとう》にどうでもいいんだよ
僕《ぼく》ら3人《にん》の区別《くべつ》すら——…いや、個体《こたい》として分《わ》かれているということすらどうでもいい。
同《おな》じ"ニンゲン"という認識《にんしき》しかないんだよ。
ええ〜〜ねェよ
同《おな》じって…僕《ぼく》とコイツなんかが…?
ズボォ!!
ぐあっ
的確に入る!! ロシア式サンボ目突き
中指で眉間に触れる様に
失明《しつめい》するだろがッ
失言《しつげん》するからよ
なんだその等価交換《とうかこうかん》ッ
ちなみに照《て》れ隠《かく》しというのは嘘《うそ》よッ
Cuprum
Zincum
銅《どう》四十グラム
亜鉛《あえん》二十五グラム
ニッケル十五グラム
照《て》れ隠《かく》し五グラムに
悪意《あくい》九十七キロで
私《わたし》の暴言《ぼうげん》は練成《れんせい》されているわ。
ほとんど悪意《あくい》じゃねェかッ
一番抜《いちばんぬ》けちゃダメなの抜《ぬ》けちゃった!!!

んっ
決《き》めたわ。阿良々木《あららぎ》くん
もし全部《ぜんぶ》上手《うま》くいったら北海道《ほっかいどう》に蟹《かに》を食《た》べに行《い》きましょう
僕《ぼく》と…？ え!? なんで
知《し》らないの？
蟹《かに》はとても美味《おい》しいのよ。

ほ
リラックスして
警戒心《けいかいしん》を解《と》くところから始《はじ》めよう

数《かず》をかぞえよう
一つ
二つ
三つ
四つ
五つ
六つ…
落《お》ちついた?
……はい
じゃあ質問《しつもん》に答《こた》えよう
!

君《きみ》の名《な》は？
戦場《せんじょう》ヶ原《はら》ひたぎ
この舞台《ぶたい》も
通《かよ》ってる学校《がっこう》は？
私立《しりつ》直江津《なおえつ》高校《こうこう》
誕生日《たんじょうび》は
七月《がつ》七日《なのか》
らしくもない
忍野《おしの》の格好《かっこう》も
この静寂《せいじゃく》も
……
スウッ…
「フンイキ作《づく》り」
もっと言《い》えば…
戦場《せんじょう》ヶ原《はら》の
心《こころ》のコンディション
作《づく》りなのだろう。

以前《いぜん》 忍野《おしの》は僕《ぼく》に言《い》った。これは、
一種《いっしゅ》の催眠術《さいみんじゅつ》のようなものだと。
作法《さほう》は大切《たいせつ》じゃないんだよ。
彼《かれ》らとの対話《たいわ》に一番大切《いちばんたいせつ》なのは〝フンイキ〟なんだ。
「心《こころ》の壁《かべ》を取《と》り払《はら》って」
「信頼関係《しんらいかんけい》をつくり上《あ》げること」
ちゅう…
「彼《かれ》らから信用《しんよう》されること」
信《しん》じる者《もの》は救《すく》われる——
なんて言《い》うけれど
まずは戦場《せんじょう》ヶ原《がはら》に忍野《おしの》を信《しん》じてもらうことが一番先《いちばんさき》だ。

私《わたし》はまだ あの人《ひと》のこと 毛《け》ほども 信用《しんよう》していないわ。
でもね、

たまたま階段《かいだん》で
足《あし》を滑《すべ》らせて
たまたまそれを
受《う》け止《と》めた人《ひと》が
春休《はるやす》みに吸血鬼《きゅうけつき》になった
おせっかいなクラスメイトで
その人《ひと》はその恩人《おんじん》で
たまたまそのクラスの
絶対《ぜったい》正義《せいぎ》委員長《いいんちょう》も
その人《ひと》を信用《しんよう》していて
そんなたまたまは
〝偶然《ぐうぜん》〟とは
言《い》わないと思《おも》うの。

とん漬
たまたま私《わたし》はその人《ひと》に助《たす》けてもらおうとしている。

〝運命《うんめい》の出逢《であ》い〟――って言《い》うんだと思《おも》う。
それなら、信《しん》じてみる価値《かち》はあるかもしれないじゃない。

「だからあの人《ひと》を信《しん》じるのではなくて」
「あの人《ひと》を信《しん》じているあなたの思《おも》いを信《しん》じてみようと思《おも》うのよ」
一番《いちばん》好《す》きな小説家《しょうせつか》は？
夢野久作《ゆめのきゅうさく》
子供《こども》の頃《ころ》の失敗談《しっぱいだん》を
言《い》いたくありません。
好《す》きな古典《こてん》音楽《おんがく》は？
クラシックはあまりたしなみません。

一番《いちばん》辛《つら》かった
思《おも》い出《で》は？
ピクッ
……
どうしたの？
一番《いちばん》辛《つら》かった
思《おも》い出《で》
…………
おっ……
お母《かあ》さん…っ…
…が……
お母《かあ》さんが？

お母《かあ》さんが…
悪《わる》い宗教《しゅうきょう》に…はまったこと……
トン…
それだけ…かい?
それだけ……って…?
ググ…
ジャッ
そんなものは大したことじゃない
日本《にほん》の法律《ほうりつ》では信仰《しんこう》の自由《じゆう》は認《みと》められている。
否《いな》、信仰《しんこう》は本質的《ほんしつてき》に人間《にんげん》に認《みと》められている心《こころ》のありようだ。
君《きみ》のお母《かあ》さんが何《なに》を奉《たてまつ》っていようがそれはただの方法論《ほうほうろん》にすぎない。

――だから、、、それだけ
――じゃあない。
言《い》ってごらん
何《なに》があった？
何《なに》が……って
お…お母《かあ》…さんが…
私《わたし》のために
…そんなのに
…ハマって
だっ
だまされてッ
お母《かあ》さんが
悪徳宗教《あくとくしゅうきょう》に
だまされてッ
その…あと
その、あとッ…!!!

うちにッ
うちに!!
その宗教団体《しゅうきょうだんたい》の幹部《かんぶ》が…
うちにやって来《き》てッ……!!
幹部《かんぶ》の人《ひと》。
それがやって来《き》て……どうしたの?
じ……浄化《じょうか》、…だとッ
儀式《ぎしき》だ——と、言《い》ってッ…!!!!

そう
じゃあ…未遂《みすい》だったんだね…
よかったじゃないか 勇敢《ゆうかん》だ。
で でも……ッ
お母《かあ》さんは…ッ
………
助《たす》けてくれなかった

それどころか……私《わたし》をなじって
殴《なぐ》ったわ 何度《なんど》も何度《なんど》も…
なるほど
わ…私《わたし》が
幹部《かんぶ》にケガをさせたせいでッ…
お母《かあ》さんはペナルティを負《お》った?
――はいっ… だからッ…財産《ざいさん》も…家《いえ》もッ
土地《とち》もッ――全部《ぜんぶ》ッ借金《しゃっきん》までして
私《わたし》の、家族《かぞく》は…壊《こわ》れたわ

完全《かんぜん》に壊《こわ》れたのにッ
──それなのに、まだッ…
続《つづ》いているッ…
あの人《ひと》はまだ
懲《こ》りもせず
恥《は》ずかしげもなく
信仰《しんこう》を続《つづ》けてッ

父《ちち》はずっと苦《くる》しみ続《つづ》けてッ
その崩《ほう》壊《かい》は続《つづ》いているッ…続《つづ》いていますッ…!!!

――バカ野郎《やろう》
僕《ぼく》の
本人《ほんにん》にとっては大問題《だいもんだい》でも
この怪異《かいい》は周囲《しゅうい》の何《なに》かを破壊《はかい》したりとか…そういうのはないわけで。
大《おお》バカ野郎《やろう》。
バッキバキにブッ壊《こわ》れまくってんじゃねェか!!
大惨事《だいさんじ》じゃねェかよッ

不謹慎《ふきんしん》なのは
解《わか》ってる。
裸《はだか》ん坊《ぼう》バンザイのあいつのヌード見《み》ても……何《なに》も感《かん》じなかったのに
今《いま》
この気持《きも》ちが抑《おさ》えられないんだ。
心《こころ》の中《なか》まで裸《はだか》になった戦場《せんじょう》ヶ《が》原《はら》は
すごく
キレイだ。

…
あっ…
あッぁあああッ
あああ
見《み》えっ
見《み》えっ
……ますッ

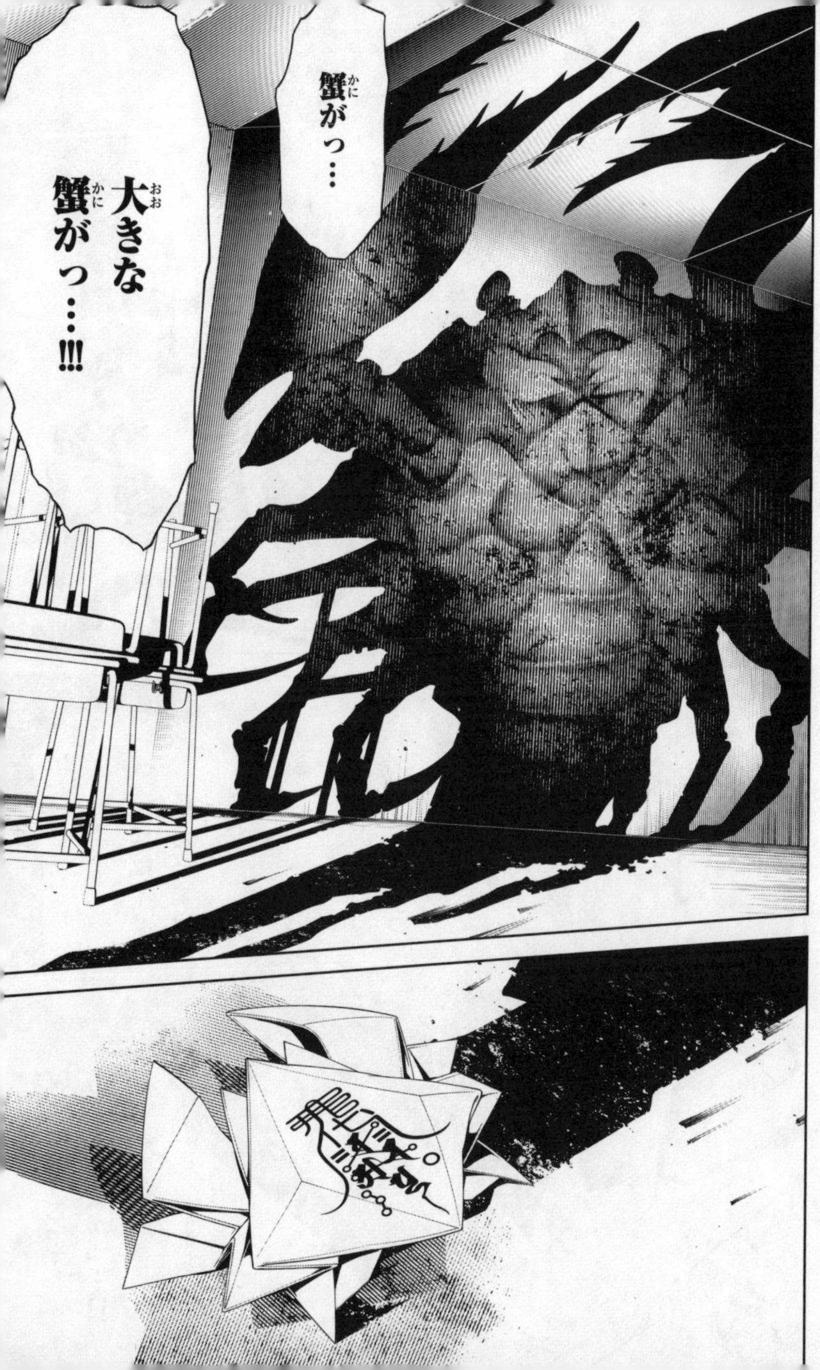
蟹《かに》がっ…
大《おお》きな蟹《かに》がっ…!!!

そうかい
僕《ぼく》には何《なに》も見《み》えないよ
見《み》えているのは…君《きみ》の影《かげ》だけだよ
いえ…私《わたし》には…見《み》えますッ
確《たし》かにここに…あの時《とき》の蟹《かに》がっ…!!

なるほど
じゃあ その蟹《かに》に
何《なに》か言《い》うべきことがあるんじゃないかい？
カニ…
ああ…いやいや 重要《じゅうよう》だよォ …うん
名前《なまえ》は重要《じゅうよう》だ。
そうか…
カ・ニ・…
思《おも》し・カニ ──じゃなくて
思《おも》し〝神《かみ》〟──…ッ!!!

……言《い》う
…べき…
——こと?
……ッ
か
かっ
考《かんが》えてっ
……しまうん
ですッ…
あの時《とき》ッ…
もし、あの時《とき》
私《わたし》がっ
抵《てい》抗《こう》しな
ければッ…
壊《こわ》れなかったんじゃないかって。
壊《こわ》れなかったんじゃないかって!!

そう…思《おも》う?
本当《ほんとう》に。
思《おも》う…本当《ほんとう》に…思《おも》い…ますッ…
じゃあお嬢《じょう》ちゃん
それが"君《きみ》の思《おも》い"だ。
どんなに重《おも》かろうがそれは君《きみ》が背負《せお》わなきゃいけないものだ。
他人任せにしちゃあいけないね。

君《きみ》まで壊《こわ》れてしまわないように
君《きみ》の〝悪《おも》し〟をずっと支《ささ》えていてくれた
お人好《ひとよ》しの神様《かみさま》に御礼《おれい》を。

ここだけの話《はなし》、
神《かみ》サマってのはね
みんなロリコンなんだ
少女《しょうじょ》の涙《なみだ》に弱《よわ》いのさ。
あ…

えッ
おっと…!?
こりゃイカン。

戦場《せんじょう》ヶ《が》原《はら》
僕《ぼく》はお前《まえ》を助《たす》けられない。
お前《まえ》は自分《じぶん》で勝手《かって》に自分《じぶん》を助《たす》けるだけだから。
だけど
せめて
カベくらいにはなれるよ。
お前《まえ》がこれ以上《いじょう》壊《こわ》れてしまわないように。

がふあッ
……
あちゃあ…

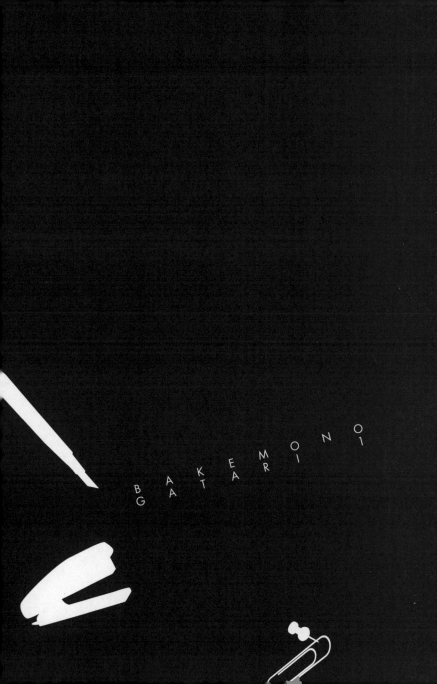

BAKEMONO
GATARI 1

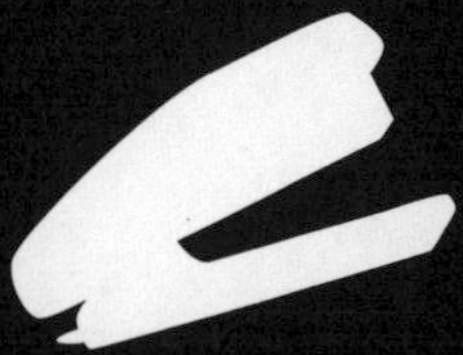

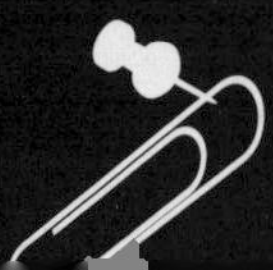

BAKEMONO GATARI 1

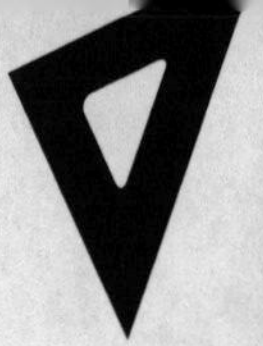

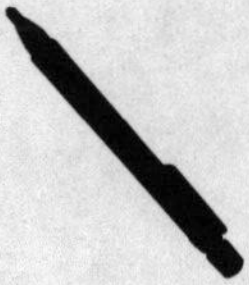

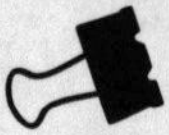

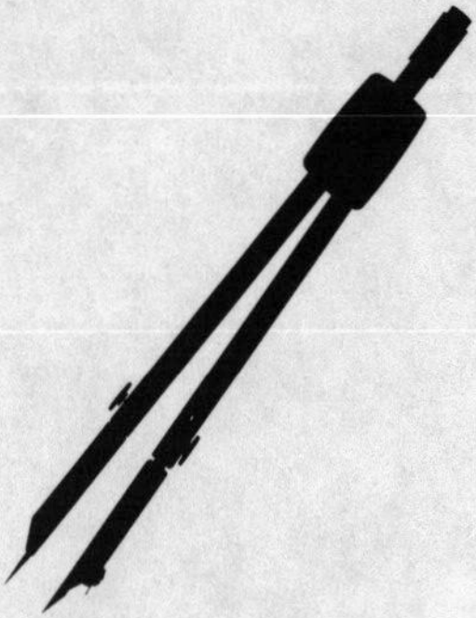

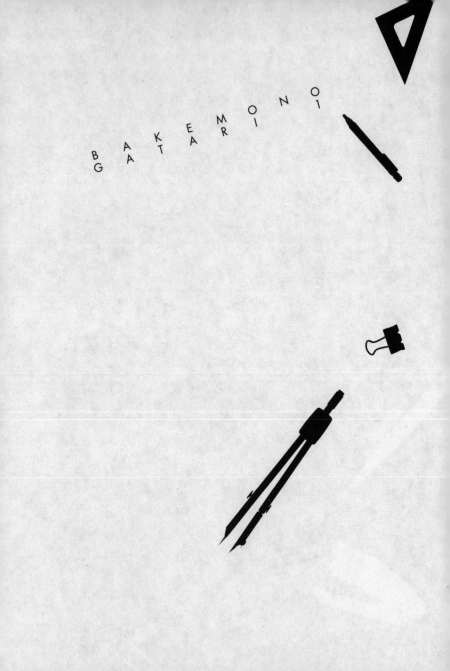

何《なに》がっ
あ
あぁ
あっ
起《お》こったんだ…!?
戦場《せんじょう》ヶ原《がはら》は
催眠状態《トランスじょうたい》に入《はい》っていた。
じ
自分《じぶん》の重《おも》みを
奪《うば》った蟹《かに》
——いや
〝神《かみ》〟と対話《たいわ》を
するために。
重力《じゅうりょく》が……
横《よこ》にっ…!?

ギチ
ギチ
僕《ぼく》には
何《なに》も見《み》えないが
ギチ
はっ
はあっ
はあッ
戦場ヶ原《せんじょうがはら》には
見《み》えている。
きっ
〝拒否《きょひ》られた〟
――ッて
……ことか!!?
お前《まえ》の言葉《ことば》に
聞《き》く耳《みみ》は持《も》たねえって…
そういうことかよ…ッ!?

オイオイ
阿良々木《あららぎ》くん
君《きみ》が変《へん》に下《した》に潜《もぐ》り込《こ》むから
なんだか余計《よけい》に
ヤバイことになってる
じゃないか
ギッ
のそっ…
ギギッ…
大丈夫《だいじょうぶ》だッ!!
間《あいだ》にバッグを
挟《はさ》んである!!
密着《みっちゃく》は
していない!!!
いやっ ソレ
今《いま》 力説《りきせつ》するとこじゃ
ないだろう 僕《ぼく》!!
なるほど
今度《こんど》はちゃんと
お嬢《じょう》ちゃんのお尻《しり》の下《した》に
敷《し》いてあげたわけだ。
聞《き》いていたのか
テメエッ
LARK

化物《バケモノ》語《ガタリ》
やれやれ
せっかちな神《かみ》さんだ
まだ祝詞《のりと》もあげてないってのに
気《き》のいい奴《やつ》だよまったく。
何《なに》かいいことでもあったのかな。

まぁ
こんなとこだろう
方針《ほうしん》変更《へんこう》だ。
僕《ぼく》としては別《べつ》に
どっちでもよかったんだ。
お嬢《じょう》ちゃんを
助《たす》けたかったわけじゃ
ないからね。
パリチ…

でッ!?
よっこら
せっと

あれっ

バリバリッ
僕《ぼく》には何《なに》も
――見《み》えない。
キキッ
だが…
見《み》えている
戦場《せんじょう》ヶ原《がはら》からすると

大丈夫《だいじょうぶ》かい？
目《め》を剥《む》く光景《こうけい》であるらしい。

蟹《かに》なんて どんなでかかろうが ひっくり返《かえ》せば こんなもんだよな。
つーか でかけりゃでかいほど 踏《ふ》みつけるためにあるとしか 僕《ぼく》には思《おも》えないぜ。
初《はじ》めからやり直《なお》すって手《て》も あるにはあるんだが
——手間《てま》がかかるしね
うん。
神《かみ》を踏《ふ》みつけにした。至極《しごく》乱暴《らんぼう》に。敬意《けいい》も何《なに》もなく。
どうだろう 阿良々木《あららぎ》くん
僕《ぼく》としてはこのまま 〝ぐちゃり〟といった方《ほう》が 一番手《いちばんて》っ取《と》り早《ばや》いんだが。

ぐっ……ぐちゃりって
だってソイツは……その蟹《かに》は…
戦場ヶ原《せんじょうがはら》を護《まも》ってくれていた神様《かみさま》なんだろッ…!?
——でもご覧《らん》の通《とお》りさ。
コイツらは僕《ぼく》らとはまるで考《かん》え方《かた》が異質《いしつ》なんだよ
お嬢《じょう》ちゃんが頭《あたま》を上《あ》げたのを怒《おこ》ったのか
涙《なみだ》を落《お》とされ欲情《よくじょう》したのか……さて、
そんなこと、僕《ぼく》らには到底《とうてい》〝解《わか》りっこない〟ことなんだよ

言葉が通じないなら
戦争しかない

このへんはまるで政治《せいじ》だよね。
そーいうのって結局《けっきょく》、心《こころ》のもちようだからさ。
〝相手《あいて》にお願《ねが》いできないのなら〟……危険思想《きけんしそう》に手《て》を出《だ》すしかないんだ。
ま
このまま潰《つぶ》しちゃったところでも一応《いちおう》
お嬢《じょう》ちゃんの悩《なや》みは解決《かいけつ》するし
根《ね》っこの所《ところ》は残《のこ》っちゃう姑息療法《こそくりょうほう》で
草抜《くさぬ》きならぬ草刈《くさか》りって感《かん》じだけれども

この際《さい》
それもアリかな～～って。
この際《さい》!?
それもアリって
オイッ
忍野《おしの》ッ!!!
だって…
お嬢《じょう》ちゃんは
自分《じぶん》で〝重《おも》み〟を
差《さ》し出《だ》したんだ。
奪《うば》われたん
じゃない。
等《とう》価《か》交《こう》換《かん》さ。
この蟹《かに》は
お嬢《じょう》ちゃんの
〝何《なに》か〟と引《ひ》き換《か》えに
重《おも》みを受《う》けとっている。
……つまりさ、
お嬢《じょう》ちゃんもまた
この蟹《かに》から
〝何《なに》か〟を受《う》けとって
いるんだよ。

それがなんなのか僕《ぼく》にはどうでもいいけど
ズルをするならとことんやらないと。
受《う》けとったものを返《かえ》さずに全《すべ》てをチャラにしようっていうのなら
殺《ころ》すしかない。
メリメリ
そうだろう？
メリ
メリ
それにね、阿良々木《あららぎ》くん
僕《ぼく》はね蟹《かに》が嫌《きら》いなんだよ
食《た》べてる間《あいだ》、皆《みんな》無口《むくち》になってしまうだろう？

待《ま》って!!
待《ま》って…
ください
忍野《おしの》さん…
ちゃんと…
できますからッ
自分《じぶん》で…
できますから…
ごめんなさい
その言葉《ことば》は
僕《ぼく》に散々《さんざん》吐《は》いてた
毒舌《どくぜつ》と違《ちが》って
棘《とげ》もなく
固《かた》さもなく

ありがとうございました。
そして
しっとりと
重《おも》かった。

——でも これは 私《わたし》の〝思《おも》い〟ですから
私《わたし》が自分《じぶん》で 背負《せお》います。
失《な》くしちゃだめな ものでした。
お願《ねが》いです
お願《ねが》いします。
どうか私《わたし》に 重《おも》みを返《かえ》してください。

私《わたし》があなたから受《う》けとったもの
私《わたし》が楽《らく》になるためにしてくれたこと
それをお返《かえ》しします。
だから
どうか
あなたが切《き》ってくれた
お母《かあ》さんと私《わたし》の〝縁《えん》〟を
返《かえ》してください。

どうか私《わたし》にお母《かあ》さんを
──私《わたし》に、返《かえ》してください。

第《ダイ》2巻《カン》へ続《ツヅ》ク

詳説 化物《バケモノ》語《ガタリ》

作品ノ歩ミ

2005
●「小説現代増刊 メフィスト」2005年9月号に「ひたぎクラブ」掲載

2006
●『化物語(上)』『化物語(下)』発売

2008
●『傷物語』『偽物語(上)』発売

2009
●『偽物語(下)』発売
●TVアニメ『化物語』放送開始

2010
●『猫物語(黒)』『猫物語(白)』『傾物語』発売

2011
●『花物語』『囮物語』『鬼物語』『恋物語』発売

2012
●『憑物語』発売

『化物語』トハ

講談社BOXレーベルより刊行された、西尾維新による「100パーセント趣味で書かれた小説」。『化物語』から始まる一連の作品群は〈物語〉シリーズと呼ばれている。装画や挿絵のイラストは台湾のイラストレーター・VOFANが担当。TVアニメ化を始め数多くのメディアミックスを果たしている。

漫画、ココマデノ歩ミ

高校入学前

ひたぎ、蟹に行き遭い体重を奪われる

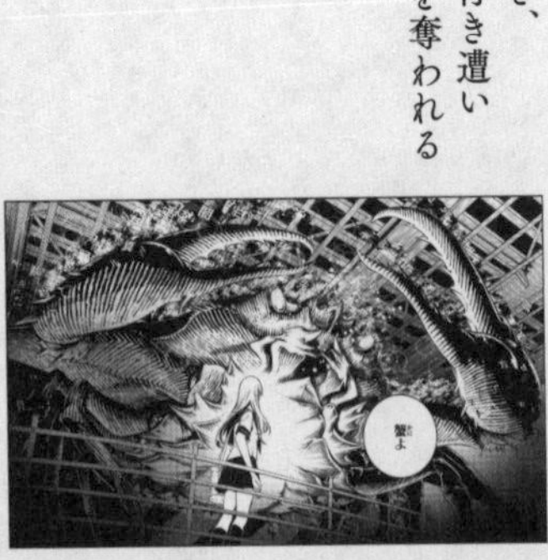

高校2年時

3月25日(春休み)
暦、瀕死の吸血鬼に遭遇

イマココ

2013
●『暦物語』『終物語（上）』発売

2014
●『終物語（中）』『終物語（下）』『続・終物語』発売

2015
●『愚物語』発売

2016
●劇場アニメ『傷物語Ⅰ　鉄血篇』公開
●『業物語』『撫物語』発売

2017
●『結物語』『忍物語』発売

2018
●「週刊少年マガジン」15号より漫画『化物語』連載開始
●『宵物語』発売

漫画イマココ　高校3年時

4月29日（ゴールデンウィーク）
羽川、忍野に恩ができる

5月8日
㊰暦、ひたぎを受け止める
㊇暦、ひたぎとメメを訪ねる

〈物語〉シリーズ原作一覧

ファーストシーズン	『化物語（上）』『化物語（下）』『傷物語』『偽物語（上）』『偽物語（下）』『猫物語（黒）』
セカンドシーズン	『猫物語（白）』『傾物語』『花物語』『囮物語』『鬼物語』『恋物語』
ファイナルシーズン	『憑物語』『暦物語』『終物語（上）』『終物語（中）』『終物語（下）』『続・終物語』
オフシーズン	『愚物語』『業物語』『撫物語』『結物語』
モンスターシーズン	『忍物語』『宵物語』……and more!?

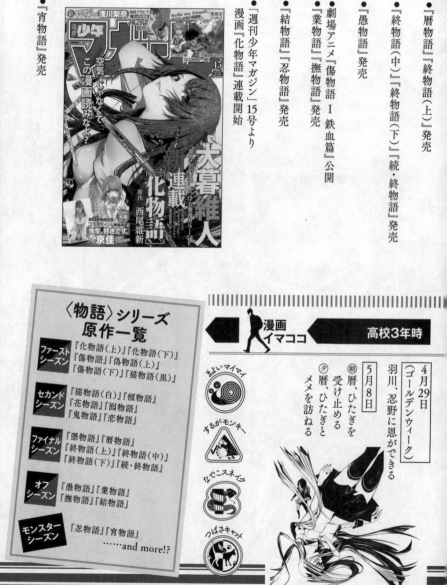

豫《ヨ》告《コク》
化《バケモノ》物語《ガタリ》②
溢《あふ》れ出《で》たひたぎの心《こころ》の声《こえ》。
重《おも》い過去《かこ》と向《む》き合《あ》い、
重《おも》すぎる愛《あい》を受《う》け止《と》めると決《き》めた少女《しょうじょ》は
〝返《かえ》してもらう〟ことはできるのか？

次《ジ》回《カイ》
お母《かあ》さんの笑顔《えがお》は
私《わたし》のためだけの
ものだから……
「ひたぎクラブ」完結《カンケツ》。
そして――……
2018年《ネン》8月《ガツ》17日《ニチ》(金《キン》)、発売《ハツバイ》予定《ヨテイ》。

編集部では、この作品に対する皆様のご意見・ご感想をお待ちしております。
また「講談社コミックス」にまとめてほしい作品がありましたら、編集部までお知らせください。
〈あて先〉
〒112-8001 東京都文京区音羽2-12-21 講談社
週刊少年マガジン編集部「少年マガジンKC」係
なお、お送りいただいたお手紙・おハガキは、ご記入いただいた個人情報を含めて
著者にお渡しすることがありますので、あらかじめご了解のうえ、お送りください。

作品初出／週刊少年マガジン2018年第15号～第17号

KCDX 週刊少年マガジン

化物語《バケモノガタリ》①

2018年 6月15日 第1刷発行（定価は外貼りシールに表示してあります）
2018年 7月 2日 第2刷発行

著 者 西尾維新《にしおいしん》
大暮維人《おおぐれいと》
©NISIOISIN／Oh!great 2018

発行者 森田浩章
発行所 株式会社 講談社
〒112-8001 東京都文京区音羽2-12-21
電話番号 編集 (03)5395-3459
販売 (03)5395-3608
業務 (03)5395-3603
印刷所 凸版印刷株式会社
本文製版所 株式会社二葉写真製版
製本所 株式会社若林製本工場

講談社

N.D.C.726 183p 19cm Printed in Japan ISBN978-4-06-511617-3

化物語
①